中央高校基本科研业务费专项资金资助（Supported by the Fundamental Research Funds for the Central Universities）油气勘探项目投资决策研究（项目编号：R1506080B）

油气勘探投资决策研究

The Study on Investment Decision-making of the Petroleum Exploration

殷爱贞　黄　朴　著

科 学 出 版 社

北　京

内 容 简 介

本书介绍了油气勘探投资决策的三个层次。第一层次为油气勘探开发投资优化，根据油田所处勘探开发阶段、各级储量规模、产量等因素，确定合理勘探开发规模，为油田可持续发展奠定基础。第二层次为油气勘探项目经济评价，针对不同类型项目的特点和任务，设计油气勘探项目评价指标体系，应用多属性决策方法对其进行综合评价，据以进行项目（方案）优选。第三层次为油气勘探项目投资组合优化，当油气勘探项目类型单一时，采用多目标规划进行投资组合优化；当油气勘探项目类型多样时，先筛选符合约束条件的油气勘探项目投资组合方案，然后采用多属性决策方法对各组合方案进行综合评价，据以进行投资组合优化。第一层次确定的合理勘探投资规模是投资组合优化的资金约束；第二层次油气勘探项目经济评价为投资组合优化提供备选项目。

本书适合从事勘探投资的决策人员和研究人员，以及油气勘探专业的研究生和高年级本科生参考使用。

图书在版编目（CIP）数据

油气勘探投资决策研究=The Study on Investment Decision-making of the Petroleum Exploration/殷爱贞，黄朴著. —北京：科学出版社，2017.10

ISBN 978-7-03-054782-8

Ⅰ. ①油… Ⅱ. ①殷… ②黄… Ⅲ. ①油气勘探-投资决策-研究-中国
Ⅳ. ① F426.22

中国版本图书馆 CIP 数据核字（2017）第 247585 号

责任编辑：万群霞 陈会迎 / 责任校对：佳伟利
责任印制：张 伟 / 封面设计：铭轩堂

科学出版社出版
北京东黄城根北街 16 号
邮政编码：100717
http://www.sciencep.com

北京厚诚则铭印刷科技有限公司 印刷
科学出版社发行 各地新华书店经销
*
2017 年10 月第 一 版 开本：720×1000 B5
2018 年 1 月第二次印刷 印张：10
字数：200 000

定价：88.00 元

（如有印装质量问题，我社负责调换）

前　　言

近年来，随着我国国内生产总值（gross domestic product，GDP）的快速增长，人民生活水平的不断提高，工业生产及人民生活消费对油气的需求量日益增加，能源供需瓶颈问题越来越凸显。目前，我国自产的原油、天然气已不能满足国内需求，2015 年我国原油对外依存度已经超过 60%。石油进口来源单一、地缘政治不安定及国际原油价格剧烈波动，这些直接影响我国经济的可持续发展，因此，应加强油气勘探投资决策研究，为油气开采提供充足的后备储量，从而为增加油气供应量打好基础。充足的后备储量是石油工业发展的基础，但我国 16 年左右的储采比远低于世界平均 46 年左右的储采比水平，究其原因是我国石油工业上游资金长期短缺，勘探投入长期“欠债”，再加上多年的强化开采，致使新增探明储量不足，后备储量难以跟上，可以动用的可采储量逐年下降，石油生产“入不敷出”，产储“赤字”已有显现。现阶段，储量不足已成为制约我国石油工业发展的瓶颈，但由于我国油气勘探投资管理存在缺陷，普遍存在投资缺口大、投资效果下降、下级单位争抢资金等诸多问题，这在客观上要求加强油气勘探投资决策研究，提高勘探投资效益，为石油工业的可持续发展夯实储量基础。

经过几十年的勘探开发，我国大部分油田已经进入勘探开发的中后期，地下地质条件简单、地面条件好、油气藏规模大、油气层埋藏浅的地区和层系已不多，主要的勘探对象是隐蔽、复杂油气藏，这从客观上增加了油气勘探的难度，降低了油气勘探投资效益，提高了油气勘探项目投资决策的难度，但同时也为加强油气勘探项目投资决策、提高勘探投资效益提供了动力。

投资决策是指投资者为了实现其预期的投资目标，运用一定的科学理论、方法和手段，通过一定的程序对投资方向、投资规模、投资效益及投资组合等经济活动中的重大问题所进行的分析、判断及选择。投资决策是企业所有决策中最关键、最重要的决策。

全书共七章。第一章是油气勘探投资决策概述，主要介绍油气勘探投资决策特点及其主要研究内容。第二章是油气勘探投资决策研究现状及相关理论，是后续研究的基础。第三章是油气勘探开发投资优化研究，即油气勘探投资决策的第一层次，主要研究油气勘探开发投资合理比例。第四章是油气勘探项目经济评价方法研究，第五章是油气勘探项目经济评价实例研究，第四章和第五章是油气勘探投资决策研究的第二层次，也是现有油气勘探投资决策研究较多的内容，针对不同勘探阶段项目的特点不同、任务不同，设计勘探项目评价指标体系，接着采用组合赋权法对各指标赋权，采用层次分析法进行主观赋权，采用熵值法进行客观赋权，然后，对各指标进行规范化处理，最后，对勘探项目进行综合评价。第六章和第七章是油气勘探项目投资组合优化研究，也是油气勘探投资决策研究的第三层次。其中，第六章针对油气勘探投资项目类型单一情况，如只存在油气藏评价项目时，采用多目标规划对油气勘探项目投资组合进行优化，主要目标包括：收益高、风险低、综合评价值高。首先确定理想收益、理想风险和理想综合评价值，在此基础上，设计多目标规划模型进行求解；第七章是针对多阶段油气勘探项目并存情况，首先确定约束条件，筛选满足约束条件的所有投资组合方案，然后对各投资组合方案进行综合评价，进而选择最优的油气勘探投资组合。油气勘探投资决策的三个层次不是孤立的，油气勘探投资结构优化为投资组合研究提供了资金约束，油气勘探项目经济评价评选出经济上合理的项目，这些项目是勘探投资项目投资组合优化的备选项目。本书的主要章节都附有实例，证明研究结论有可操作性，并便于研究者理解。

本书的第一章由殷爱贞、黄朴撰写，第二章至第七章由殷爱贞撰写，最后由殷爱贞和黄朴共同负责统稿。笔者在多年的科研工作及编写本书的过程中，得到了中国石油大学（华东）经济管理学院张在旭老师、赵振智老师和刘广生老师的热心关照与指导，在此一并表示衷心的感谢。

由于作者水平有限，书中不妥之处，敬请读者指正。

殷爱贞

2017 年 4 月

目　　录

第一章 油气勘探投资决策概述

油气勘探是以石油地质学中的油气生成、油气藏形成和油气田分布规律理论为基础，通过科学的勘探程序、合适的技术方法和先进的勘探管理理论，以经济、高效地寻找和发现油气田，探明油气地质储量为目的的一项系统工程[1]。

油气勘探为石油工业提供开发储量，而充足的优质储量是石油工业持续发展的前提和基础。经过几十年的勘探开发，现有的勘探对象主要是隐蔽、复杂油气藏，勘探难度增大，新增储量不足，油气勘探投资效益不理想，2015 年我国原油对外依存度已超过 60%，因此，需加强油气勘探投资决策研究，为石油工业提供充足的优质储量，提高油气开发投资效益。

第一节 油气勘探阶段划分

油气勘探的原则是“循序渐进，先找后探”。首先，油气大多聚集于盆地，应先从整体上认识盆地的石油地质特征，分析有没有油气藏生成的客观条件，预测有利的生油凹陷和含油气区带；然后，选择有利的含油气区带，开展地震勘探和地质研究，发现有利的含油气圈闭；在此基础上，主要运用钻探井等勘探手段，加深对油气藏地质条件的认识，开展以发现油气储量为目的的勘探工作。由此可见，油气勘探的过程就是对油气藏埋藏条件的不断认识过程，从不认识到基本认识，这是一个连续的认识过程，这个连续过程可分为不同的阶段，在该过程的不同阶段，勘探目的不同、勘探手段不同，评价标准也不同，据此可将连续的勘探过程分为区域勘探、圈闭预探和油气藏评价勘探三个阶段。

一、区域勘探阶段

区域勘探阶段是从盆地的石油地质调查开始到优选出有利的含油气区带的全过程，勘探对象是盆地（拗陷及周边地区或凹陷及周边地区），主要任务是提交油气资源量及其分布[1]。

区域勘探阶段进一步划分为大区勘探和盆地勘探两个亚阶段：大区勘探任务主要是通过大区调查，识别和优选含油气盆地，估算盆地远景资源量；盆地勘探任务主要是划分含油气系统，搞清远景资源量空间分布，优选有利含油气区带。

二、圈闭预探阶段

圈闭预探阶段是从盆地区域勘探优选出的有利含油气区带进行圈闭准备开始到圈闭预探获工业性油气流的全过程。勘探对象是圈闭，任务主要是提交潜在资源量和预测储量[1]。

圈闭预探阶段分为区带勘探、圈闭勘探两个亚阶段：区带勘探亚阶段，是对优选出的有利含油气区带进行勘探，识别圈闭，搞清圈闭的分布，并通过圈闭综合评价，计算潜在资源量，优选出供预探的圈闭；圈闭勘探亚阶段，是对优选的圈闭，在圈闭描述评价的基础上，进行预探井钻探，直到获得工业油气流，并计算预测储量。两个亚阶段既要循序渐进，又要交替进行，区带勘探为圈闭勘探提供更多的目标，圈闭勘探又为整个区带勘探提供更充足的依据。

三、油气藏评价勘探阶段

油气藏评价勘探阶段是从预探获得工业油气流开始到探明油气田的全过程。勘探对象是获得工业油气流的圈闭（或油气藏），主要任务是提交探明储量（和控制储量），并提交开发可行性研究报告或油气田开发方案[1]。

第二节　油气勘探项目的特点

油气勘探项目是指在一定时间内，以一定的地质单元为对象，在完成不同勘探阶段任务的过程中，以发现油气资源或探明油气经济可采储量为最终目的，由物化探、钻井、录井、测井、试油、综合地质研究等组成的综合勘探工程。油气勘探项目除具备一般项目的特征（明确的目标、独特的性质、资源成本的约束性、项目实施的一次性等），还具有明显的油气勘探特征。

一、风险大

油气储量深埋于数千米的地下，只能借助于地球物理勘探、钻井、地质录井、测井等手段来认识地下资源，勘探面对的永远是地下的未知对象，因此，勘探是一门实践性极强的学科。在勘探过程中，不论勘探时间长短、勘探程度高低、获取资料多少，地质解释的多样性一直存在，在任何勘探阶段，没有人敢断言一个圈闭一定有油，勘探的最终结果可能是发现了具有商业价值的油气藏，也可能是没有发现具有商业开采价值的油气藏，这就是勘探的风险性。风险性是油气勘探本身所固有的，因此，油气勘探决策的目的不是消除风险，而是在实施油气勘探时，在加强地质论证的同时，对风险进行充分分析，努力降低风险及在风险和收益间进行权衡。

二、投资高

油气勘探耗资巨大，陆上钻井动辄以百万元人民币计（页岩气水平井 7000 万～8000 万元），海上钻井成本更高，因此，油气勘探项目投资巨大，为提高油气勘探投资效益，降低油气勘探风险，必须加强油气勘探投资决策的研究工作。

三、连续性和阶段性

油气勘探过程是对油气藏埋藏情况的逐步认识过程，从最初的普查——盆地区域勘探，到区带勘探，再到圈闭勘探，最后到提交探明储量的油气藏评价勘探，勘探对象从盆地到圈闭，勘探成果从远景资源量到探明储量，对地质的认识逐步加深，这是一个连续的勘探过程，这个连续的过程又分为不同的阶段，整个勘探工作既具有长期性、连续性特点，同时又具有阶段性的特点。各勘探阶段目的不同、任务不同、手段不同，但各勘探阶段之间又相互联系，上一阶段是下一阶段的基础，下一阶段又是上一阶段的验证，是勘探逐步具体、逐步明确的过程。例如，区域勘探为圈闭预探作准备，是圈闭预探工作的基础，而圈闭预探又验证了区域勘探的成果。只有各个阶段的勘探工作都做好了，总体的勘探效果才达到最佳。

四、系统性强

油气勘探是多专业、多工种所构成的系统工程，最终目的是发现具有开采价值的油气藏，为油气开发提供后备储量。单项勘探工程通常有物化探、钻井、录井、测井、试油及综合研究等，虽然单项勘探工程手段不同、目的不同，但却相互作用、协同工作，最终目的是发现有商业价值的油气藏，加深对油气藏地质条件的认识。因此，油气勘探项目必须按系统工程的思想来组织、管理。

五、技术含量高

油气勘探是高科技工种的组合，随着勘探程度的不断提高，复杂油气藏、隐蔽油气藏成为勘探的主要目标，这不仅需要有新的勘探理论做指导，同样也需要新的勘探技术来攻克难关，加强对油气藏埋藏情况的认识。

六、工农关系复杂

油田是一个没有围墙的工厂，点多、线长、面广，工作、生活区域和机构设置分散，城乡兼有、油地交叉，与周围城镇、乡村有着错综复杂的联系。油气勘探与周边居民的关系是复杂的，既有有利影响，如可以改善周边居民的生活水平、区域经济发展水平等，但也有不利影响，如会占用土地，地震、钻井会对环境造成污染等。由于国家土地政策调整和地方政府对土地补偿标准的提高及地方城镇化建设等因素的影响，近些年，工农费用有上升趋势，增大了油地关系协调难度。处理工农关系已成为油田生产经营中一项十分重要的工作。

第三节　油气勘探投资决策特点

投资决策是指投资者为了实现其预期的投资目标，运用一定的科学理论、方法和手段，通过一定的程序对投资方向、投资规模、投资效益和投资组合等经济活动中的重大问题所进行的分析、判断及选择。投资决策是企业所有决策中最为关键、最为重要的决策。油气勘探投资决策除具有一般投资决策的针对性、现实性、风险性及收益性特点外，还具有以下特点。

一、有限理性特点

传统的油气勘探投资决策的研究是基于微观经济学的“理性经济人”假设，理性是指为达到一定的目的，解决一定的问题，人们使用冷静、客观和准确的计算，利用已获取的信息或统计资料，对目的和手段进行分析，以求得最佳、最适合的手段或解决办法，有效率地或有效地达成目的[2]。这个概念是德国著名学者马克斯·韦伯（Max Weber）最先提出的，理性方法最典型的就是定量的分析方法及技术，它强调逻辑推理和精确数学计算的方法。

在“理性经济人”假设基础上，油气勘探投资决策常用的方法是传统的贴现现金流量法，它是建立在资金时间价值理论基础之上，以一定折现率对项目在整个生命周期内的现金流入和现金流出进行折现，计算其净现值或内部收益率、投资回报率等，同时结合油气勘探项目特点，加入吨储量投资、单位实物工作量获储量等指标，然后根据相应的评价标准，对其进行衡量判断以揭示油气勘探项目投资价值的大小，从而选择最优方案。这一假设显然过于理想，在应用上当然也受到了相当的限制。Simon 早就指出："传统经济理论是基于理性经济人的假定，理性经济人具备丰富的知识、渊博的学识，而且思维缜密，条理分明，偏好体系稳定，并拥有很强的计算技能，他有能力设计出所有备选方案，并可以精确地计算出各方案的收益，从而可以确定在他的备选行动方案之中，哪个方案可以达到其偏好尺度的最高点。"他认为，人的思维能力实际上并不是无限的，人仅仅具有有限理性[3]。

油气勘探项目具有太多的不确定性，加上决策人认知的有限性，油气勘探投资决策不符合完全理性假设，因此，在对油气勘探项目进行投资决策时，要坚持 Simon 的"满意原则"，在油气勘探项目优选时选择"有限最优原则"。考虑个人认知能力的有限性，为弥补这一缺陷，可用群体决策代替个人决策，相对于个体决策机制，群体决策可以避免个体理性的知识缺陷，也可以减少认知有限理性带来的影响。参与决策的成员越多，知识经验储备也会越多，思考会更全面，但这时可能会出现效率不高的局面，应注意采取适当的方法进行群体决策，如德尔菲法、头脑风暴法等，提高组织活动的协调程度，保证决策实施的一致性，为良好的决策打下基础。

二、多属性特点

油气勘探投资决策评价的标准具有非单一性，不仅要考虑投资效益，还应考虑投资风险、社会效益等，是典型的多属性（准则）决策问题。传统的油气勘探投资决策主要考虑经济效益和风险，但随着社会进步，人们越来越关心企业带来的社会效益和环境效益，因此，在油气勘探投资决策时，只从效益维度看，就需要建立三个维度的指标，即经济效益、社会效益和环境效益指标，而且在每个维度下再设多个指标，如经济效益维度下需设立净现值、内部收益率、净现值率、投资回收期、吨可采储量投资、单位勘探工作量获储量等指标，每个指标从不同的角度诠释项目的经济效益。从风险维度看，需考虑油气藏风险、工程风险、经济风险及政治风险等。油气勘探投资决策需要综合系统科学、数学、管理学、经济学、社会学、项目管理学等方方面面的知识，探索投资项目多目标、多属性评价和决策规律，建立适合于油气勘探投资项目投资决策的理论和方法。

三、动态性特点

油气勘探的一个基本特征是动态性，即随着某一地区勘探工作开展的深入，获取的资料信息也越来越多，对这一地区的认识也就不断深化，整个决策系统也就不断变化，从确定目标到选择、修订方案也就不断发生变化。因此，对油气勘探项目的投资决策不是一次性的，而是随着时间变化、经济环境变化、对地下的认识程度的变化，不断地要进行油气勘探项目投资决策研究，油气勘探投资决策贯穿于勘探全过程。

四、不完全有效市场特点

由于我国不存在成熟的储量交易市场，储量信息也不向市场公开，油气勘探项目面临的是不完全有效市场，油气勘探项目的收益只能通过最终开采油气，然后通过销售来实现。

第四节　油气勘探投资决策主要研究内容

油气勘探投资决策绝不仅仅是油气勘探项目的经济技术评价，而应包含三个层次：第一层次应是勘探开发投资规模的确定，全面考虑勘探开发现状，夯实油田企业后备储量，为油田可持续发展奠定基础；第二层次是油气勘探项目经济评价，寻找收益高、风险低的勘探项目，优选勘探方案；第三层次是油气勘探项目优化组合研究，优化配置有限资源，优化储量序列，夯实后备储量基础。

一、油气勘探开发投资优化研究

我国石油企业同时担负着勘探、开发两项职能，勘探、开发的业务范围相对独立，但这两者又相互联系、密不可分。要保证油田可持续发展，必须协调好储量和产量的关系，也就是优化勘探投资与开发投资的结构问题。

油气勘探为油气开发提供后备储量，油气开发将油气开采出来，勘探开发效益最终得到实现。油气勘探、开发是石油工业上游领域不可分割的两个部分，油气勘探投资过多，资金会以储量的形式积压下来，相反，油气开发投资过多，油气采出量过多，会造成后备储量减少，不利于油田长期稳定发展。因此，必须确定合理的油气勘探开发投资规模，协调勘探开发投资比例，才能充分发挥这个系统的整体功能并取得最佳的经济效益，使油田企业实现持续、协调发展。

二、油气勘探项目经济评价及研究

随着油气勘探开发难度的加大，边际成本的增加，国外石油公司从 20 世纪 60 年代开始对油气勘探开发项目进行经济评价研究，研究如何回避风险、增加利润，各石油公司在勘探开发实践中，要进行油气储量价值评估及方案优选，注重经济分析和地质分析相结合，出现了大量的关于油气勘探项目经济评价的论文论著。但直到大约 80 年代初，油气勘探开发的经济评价工作才引入我国，经过几十年的发展，油气勘探项目经济评价已形成了较完整的经济评价指标体系和经济评价方法。常用的评价方法包括贴现现金流量法、储量成本法、最小费用法、决策树法、边际值法、综合系数法、实物期权法等。

不同阶段的勘探项目的勘探任务不同，勘探目标不同，因此，评价方法也不同。区域勘探项目主要任务是完成一定的地质任务，计算盆地或凹陷可能的资源量，该资源量精确度很差，产出不适宜用价值衡量，因此，区域勘探项目经济评价不用投入产出的方法，而主要考虑勘探投资、资源量及地质风险；油气藏评价项目最终需提交探明储量，探明储量比较精确，产出可用价值来衡量，因此，常用贴现现金流量法衡量项目经济效益，除此之外，在建设生态文明和谐社会的背景下，还需考虑环境效益和社会效益。油气勘探收益和风险并存、油气勘探项目除考虑勘探效益外，还需分析风险，风险主要包括地质风险、工程风险和经济风险。

由上可知，油气勘探项目经济评价标准是不唯一的，需引入多属性决策方法进行综合评价。

三、油气勘探项目投资组合优化研究

油气勘探投资组合优化是在符合石油公司总体目标的前提下把勘探资金合理地分配于各个勘探项目，目的是最大限度增加公司地质储量的情况下，对勘探项目风险和收益进行权衡。油气勘探项目投资组合优化研究不只是针对一个项目，而是针对公司面临的所有区块、盆地等所组成的组合进行分析。

在资金约束条件下，并不是所有的经济可行的项目都能上马，那么如何在多个油气勘探项目中优选组合，既保证油田企业可持续发展，又能提高油田企业整体的效益，控制风险，实现效益和风险综合最优就是油气勘探项目投资组合优化研究要解决的问题。

这三个方面是油气勘探投资决策的核心，是层层递进、相互联系的整体。勘探开发投资优化为投资组合优化提供了资金约束，勘探项目经济评价为投资组合优化提供了备选项目。

第二章 油气勘探投资决策研究现状及相关理论

油气勘探投资决策是勘探管理的核心内容之一，油气勘探投资决策目标是要有效利用勘探资金，提高勘探投资效益，寻找优质后备储量，为石油企业可持续发展打好基础。油气勘探既需要在现有的勘探区域中精耕细作，加深对油气藏地质条件的认识，寻找有利含油气藏，减少勘探开发风险，提高勘探开发效益，又需要在新的勘探理论的指导下，发现新的油气田（藏），为石油工业的未来发展奠定基础。

第一节 油气勘探投资决策研究现状

现有的研究主要包括油气勘探投资结构研究、油气勘探项目经济评价体系研究、油气勘探项目经济评价方法研究、油气勘探项目经济评价指标研究、油气勘探项目风险评价、油气勘探项目投资组合研究等，这些研究就油气勘探投资决策的不同层次、不同方向进行定量和定性探讨。

一、优化勘探投资结构

现阶段，油气勘探投资决策研究主要是针对油气勘探项目的经济评价，所用方法主要为净现值法，很少专家、学者研究优化勘探投资结构问题，但人们已经意识勘探投资结构是影响勘探投资效益的重要因素。目前针对勘探投资结构研究的文献只有王光辉和郭元岭[4]的《油气勘探投资合理性关系探讨》、郑玉华和罗东坤[5]的《油气勘探开发投资优化》，王光辉和郭元岭主要对勘探投资结构包括的内容及影响勘探投资结构的因素进行了定性分析；郑玉华和罗东坤构建了油气勘探开发投资优化的定量模型；除此之外，张立伟和杨宪一[6]对油气勘探开发投资比例与储量接替率的关系进行了实证研究，得出油气勘探开发投资比例影响储量接替率的结论。

王光辉和郭元岭[4]认为：在一定的投资总量控制下，投资结构决定了油气勘探的功能和效益。结构之间各投资成分的有效协调则会产生最佳的勘探效益，勘探投资结构的合理性研究，可以提高勘探资金利用效率，从本质上提高勘探质量，提高勘探投资效益。该文结合勘探自身的发展规律，讨论了油气勘探良性发展合理投资结构五个方面的问题：①勘探风险投资与效益投资比例；②区域勘探、圈闭预探、油气藏评价勘探及滚动投资比例；③不同勘探阶段二维地震、三维地震、预探井、评价井投资比例；④勘探科研-勘探工程投资比例；⑤勘探开发投资比例。作者试图分析制约勘探效益变化的内在原因，探讨开展油气勘探投资合理性关系研究的基本思路，但对这些投资结构的研究现阶段只停留在定性研究，没有进行定量分析。

郑玉华和罗东坤[5]以探明储量增长模型为基础，建立了油气累计勘探投资与油气累计探明储量之间的关系模型；用数据包络分析法（data envelopment analysis，DEA）建立了油气新建产能-油气开发工程建设投资模型。结合对数形式的油气开发操作成本模型构建了石油公司油气开发投资-油气产量的关系模型；在投资-储量-产量关系模型的基础上，以企业利润最大化为目标，考虑产量构成、储采比及开采速度等方面的约束条件，构造了石油公司勘探开发投资多阶段优化模型，并用遗传算法给出了既定条件下石油公司多阶段最优化投资结构。该方法可以为石油公司制订长期发展战略规划、长期勘探开发投资方案提供方法依据，以减小勘探、开发投资中的盲目性及主观性，促进油气资源的合理、有序勘探开发。

张立伟和杨宪一认为：储量接替率是衡量石油企业发展潜力的重要标志之一，而保持合理的勘探开发投资比例是储量接替率增长的内在因素。1991 年以来全球持续增长的勘探开发投资推动了产量的增长，而 2000 年以来勘探投资的不足削弱了增储上产的基础。通过分析 1991 年以来世界原油价格从低向高一个完整周期内全球、典型地区及世界主要石油公司的勘探开发投资比例与储采平衡的关系，认为勘探投资占上游投资比例维持在 20%以上，有利于保持储采平衡，如能达到 25%～30%，有利于石油公司储量接替率保持长期稳定和可持续发展，一旦低于 20%，可能导致储采失衡。

在确定合理的勘探投资结构后，要想提高勘探投资效益，必须对勘探项目进行经济评价及方案优选。

二、油气勘探项目传统经济评价方法

（一）油气勘探项目经济评价常用方法

1984 年，江汉石油学院的狄其中教授翻译了美国经济学家 Newendorp 的《石油勘探决策分析》[7]（*Decision Analysis for Petroleum Exploration*）一书，该书使国内石油界的有识之士开始认识到勘探开发投资决策管理的重要性。1987 年，国家计划委员会颁布了《建设项目经济评价方法与参数》[8]，与此相适应，1990 年中国石油天然气总公司计划局、中国石油天然气总公司规划设计总院颁布的《石油工业建设项目经济评价方法与参数》[9]（以下简称《方法与参数》）标志着油气勘探开发经济评价工作的起步，1991 年 11 月，全国储量委员会油气专业委员会颁布了《油（气）田（藏）储量技术经济评价规定》。1998 年中国海洋石油总公司颁布了《石油天然气地质评价规范》（含圈闭经济评价和油气藏经济评价、工程经济评价）。这些方法与参数及规范的颁布标志着我国油气勘探开发经济评价工作的产生和发展。随着我国财税政策的改革，国内石油公司的成功上市，为适应新的形势，又陆续出现了一些新的评价方法和操作标准。例如，中国石油天然气股份有限公司于 2001 年颁布了《中国石油天然气股份有限公司建设项目经济评价方法与参数（勘探开发管道）》，中国石油化工股份有限公司于 2002 年推广使用了油气勘探项目评价与年度计划决策系统，2006 年，国家发展和改革委员会、建设部发布《建设项目经济评价方法与参数》[10]（第三版），2008 年的中国石油天然气集团公司建设项目经济评价参数，这些都对新形势下油气勘探投资决策的发展和研究起到巨大的推动作用。

经过几十年的发展，油气勘探项目经济评价已经形成了较完整的经济评价法。常用的评价方法包括贴现现金流量法、最小费用法、决策树法、边际值法、综合系数法。

以下简要介绍一下传统油气勘探项目经济评价方法。

1.贴现现金流量法

贴现现金流量法是油气勘探项目经济评价的传统主流方法，该方法是在对油田勘探开发规律进行认识分析的基础上，进行开发概念设计，估计开发投资和评价参数，同时考虑油价变动、国家财税政策等因素预测项目的现金流入及现金流出，使用一定的折现率（企业加权平均资本成本或与未来各期现金流风险相对应的折现率），将投资项目未来预计发生的现金流入与流出折现后进行对比，计算项目的一系列评价指标，如净现值、内部收益率、吨储量投资等，将各指标实际值与指标标准值进行对比，判断项目可行性[11]。最常见的评价指标有净现值、净现值率、投资回收期、内部收益率等经济指标。近年来，随着社会经济的发展、环境污染加剧和资源的过度开发，人们开始注重对建设项目社会效益评价和环境效益评价的研究，不少学者和机构针对建设项目经济评价新进展方向，提出了新的评价方向，认为项目评价应从单一的经济评价，发展到技术、经济、社会和环境等多方面的综合评价。

2.最小费用法

最小费用法是选择费用最小的方案为最优方案，这种方法一般只用于区域勘探阶段，因为区域勘探阶段的主要目的是完成一定的地质任务，勘探成果难以价值化。

3.决策树法

决策树法是多阶段决策的一种决策方法，实际进行决策时，很多决策往往是多步决策问题，每走一步选择一个决策方案，下一步的决策取决于上一步的决策及其结果。决策树在油气勘探投资决策中的应用是：在进行一个盆地（或区块）的勘探时，其原始决策是“干”或“不干”[12]。决定“干”以后面临的问题是在已有资料基础上钻井，还是进一步做地震勘探工作？钻井后有可能成功，也有可能是干井，如为干井，是否再钻第二口井？这又是一个新的问题。因此，原始的决策问题仅仅是一系列决策链条中的第一环而已，在这种情况下，在对原始决策问题做出选择时，就必须联系后继的决策问题，一起进行分析和考虑。

4.边际值法

边际值法实际上就是勘探技术经济界限研究，包括勘探储量规模边界值、投资规模边界值、油气价格边界值及油气生产成本等，因为勘探工作的不确定性很大，确定不确定因素的边界值，当不确定性因素达到边界值附近时，应加强管理，采取措施，确保项目盈利。

5.综合系数法

综合系数法也称排队法，它是考虑其风险（地质、工程、经济风险）和吸引力（资源潜力、资源丰度、战略价值、储量规模、储量品位、净现值、市场）的基础上进行决策的一种经济评价方法，它运用预测技术中概率论和数理统计原理，在综合考察项目地质条件、油气藏状况、地理环境、经济因素等基础上采取打分法，得出每一个项目的综合评价系数——优选评价值，根据优选评价值对项目进行评价。

（二）不确定性分析

不确定性是指对地质、经济等情况缺乏足够信息而无法做出正确估计，或没有全面考虑所有因素而造成预期价值与实际价值之间的差异。不确定性分析就是针对上述不确定性问题，运用一定的方法计算不确定因素对勘探开发投资项目经济效益引发的风险程度，从而为项目决策提供更加准确的依据，同时也有利于对未来可能出现的各种情况有所估计，事先提出改进措施和实施中采取的控制手段。主要包括盈亏平衡分析、敏感性分析等。

1.盈亏平衡分析

盈亏平衡分析是根据油气勘探开发项目正常生产年份预期的产品产量（销售量）、固定成本、变动成本、税费等，研究项目产量、成本、利润之间变化与平衡关系的方法[13]。项目的收益与成本相等，即盈利与亏损的转折点，就是盈亏平衡点。盈亏平衡分析就是要找出项目的盈亏平衡点产量或销售额。

$$盈亏平衡点产量=\frac{固定成本}{单价-变动成本} \tag{2-1}$$

盈亏平衡点产量或销售量越低，项目盈利的可能性越大，亏损的可能性越小，说明项目有较大的抗风险能力。具体如图 2-1 所示。

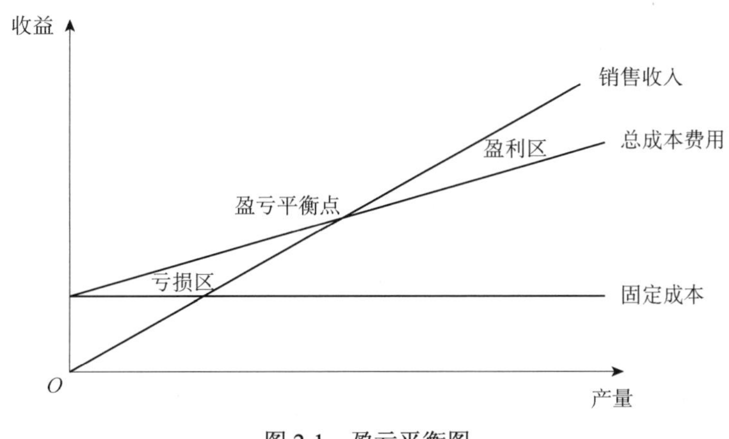

图 2-1　盈亏平衡图

2.敏感性分析

油气勘探项目经济评价中采用的一些基础数据（如勘探投资、开发投资、生产成本、油气价格等）来自预测和估算，因而带有一定程度的不确定性，而这些基础数据又对项目评价结果产生直接影响。为了给项目投资决策提供更可靠和全面的分析，需要对项目进行敏感性分析[14]。

油气勘探项目敏感性分析是研究油气勘探项目的主要因素，如产品售价、储量规模、产量、经营成本、折现率等发生变化时，项目经济效益评价指标（内部收益率、净现值等）的预期值发生变化的程度，从而可以找出项目的敏感因素，并确定这些因素变化对评价指标的影响程度，使决策者能了解项目建设中可能遇到的风险。它可以提高决策准确性，启发评价者对较为敏感的因素（如油价、储量规模）重新分析研究，提高预测的可靠性。

敏感性分析的具体做法如下。

首先，选择不确定因素。我们并不需要对所有的不确定因素进行敏感性分析，对油气勘探项目经济评价结果影响大的因素进行敏感性分析即可。例如，油气价格、储量规模、勘探投资等。

其次，确定不确定因素的敏感性系数和方案的敏感性系数。计算当不确定因素变化为±1%，±5%，±10%等时，项目评价指标（常用的如净现值、内部收益率等）的变化，进而确定不确定因素的敏感性系数。

$$\text{不确定因素敏感性系数}=\frac{\text{经济评价指标变化百分比}}{\text{不确定因素变化百分比}}\times 100\% \tag{2-2}$$

$$\text{方案敏感性系数}=\frac{\text{方案经济评价指标变化百分比}}{\text{不确定因素变化百分比}}\times 100\% \tag{2-3}$$

最后，确定敏感性因素和敏感性方案。

敏感性因素：将不确定性因素的敏感性系数排序，敏感性系数大的不确定性因素为敏感性因素。如果敏感性因素为不可控因素，需对敏感性因素进行精准预测，在项目实施过程中，严密监测敏感性因素的变化，一旦出现不利变化，需有相应的预案。如果敏感性因素为可控因素，则提前采取措施，控制敏感性因素向有利方向变化。

敏感性方案：将方案的敏感性系数排序，敏感性系数大的方案为敏感性方案。敏感性方案风险较大，在方案优选时，在同等条件下，不选择敏感性方案。

三、油气勘探项目经济评价的实物期权法

由于油气勘探项目面临的不确定因素较多，风险大，有学者[15,16]认为传统的

现金流量法有诸多缺陷，如没有很好地考虑油气勘探项目投资的灵活性价值。传统的现金流量法假定在油气勘探过程中，是按照预先设定的计划进行，很少主观应对客观环境的变化，但实际上决策者是会考虑投资时间的选择，因为时间的选择可以使投资者避免收入向下的风险，同时进一步看清向上的潜力，考虑决策的柔性。再如传统的现金流量法忽视了项目投资中等待的价值及项目投资中战略的价值，因此开始研究实物期权理论在油气勘探开发决策中的应用[17]，Frederico 等研究了实物期权方法在陆上老油田的应用，油气行业的项目具有可以推迟、扩大和放弃项目的灵活性，这些灵活性受到油价和油气采收率等不确定因素的影响[18]。典型的实物期权定价模型有两种——布莱克-斯库勒斯期权定价模型[19]（Black-Scholes option pricing model）和二叉树期权定价模型[20]（the binomial option pricing model）。对期权价值的计算，目前应用较广泛的是二叉树期权定价模型。

二叉树期权定价模型假设在一定勘探投资下获得的预测油气储量价值，在 t 个时间段内，要么增加变化为 S_u，要么减少变化为 S_d，在下一个阶段内，S_u 的两个变化值为 S_{uu} 和 S_{ud}，S_d 的两个变化值为 S_{du} 和 S_{dd}，以此类推，并且假设在整个勘探开发期内，油气价值每次向上（或向下）波动的概率和幅度不变，然后通过从后向前推算进行价值回归，计算每个时期末开发权的持有价值和相应的执行价值，其中较大者为每个时期末开发权的实际价值；然后依据不同时点实际价值的大小，决定勘探投资的最佳时机。这种方法的优点在于比较直观简单，不需要太多数学知识就可以加以应用。

四、实物期权法与贴现现金流量法结合

我国油气勘探开发实行国家一级管理，从事油气勘查活动和开采活动必须取得油气勘查许可证和油气采矿许可证。石油企业获得对资源地的勘探许可证后，对资源地进行勘探投资，通过分析勘探数据，分析其风险和预期回报；如果油气藏具有商业价值，则将继续实施钻探，对其进行油气藏评价勘探，对油气藏进行详细描述；如果油气藏具有经济性，则石油企业将进行开发；在开发过程中还可以根据石油市场的行情来决定继续开发还是暂停开发等待油价上升到一定水平再开发。石油企业可以在各个决策点决定后续的投资行为，即继续投资、延缓投资、出售部分或全部权益，或者放弃投资。投资中的每一个状态都代表了一个期权。

由此可以看出，油气勘探项目的价值除了用传统净现值法评价得到的项目本

身的价值外，还包括战略灵活性与运营灵活性价值，即期权的价值[21]。因此，对油气勘探项目进行经济评价要结合贴现现金流量法和实物期权法。油气勘探项目价值=传统的净现金流量的净现值+灵活管理的期权价值。

五、油气勘探项目风险衡量

（一）油气勘探项目风险的内容

油气勘探是对油气地质条件逐步认识的过程，而对地质条件认识的不完全性决定了勘探风险将贯穿于油气勘探全过程。勘探风险是指导致没有达到勘探目标的可能性，由于不同勘探阶段的任务不同，勘探目的不同，勘探风险表现也不一样。在区域勘探阶段，油气勘探的目的是完成一定的勘探任务量，发现有利含油气区带，因此，勘探失利是任务没完成或没有发现有利含油气区带，勘探任务完成可能性较大，因此，一般情况下，区域勘探阶段的勘探风险是找不到有利含油气区带。在圈闭预探阶段和油气藏评价勘探阶段，油气勘探的最终目的是发现具有商业价值的油气藏，由开发部分进行开采并取得一定的经济效益，因此勘探失利就是没有获得有商业价值的油气藏，或者由于开发条件复杂，工程存在风险，或油气藏经济效益不满足标准[22]。

油气勘探是高投入、高风险投资，其风险既有比常规项目高得多的经济风险与工程风险，也有其他项目不具备的资源风险。构成勘探投资风险的因素很多，概括起来有五种。第一是地质风险。在油气勘探风险中，地质风险最为关键，勘探地质风险包括两项内容：一是客观石油地质条件，石油地质条件越差，越不容易获得有价值的油气藏，勘探风险越大，因此，勘探地质风险意味着所面临的自然条件的挑战；二是对石油地质条件的认识能力，主要是指勘探理论和技术的适应性，适应能力越强，获得油气的可能性越大，勘探风险越小，因此，勘探地质风险意味着所面临的自身勘探水平的挑战。第二是工程风险。工程风险是在工程施工过程中，可能出现的预期结果与实际结果的差异而造成的损失。工程风险的本质由风险因素、风险事故和损失构成。第三是经济风险，经济风险是指由经济因素（如油价、石油经济政策调整等）的不确定性所带来的风险。第四是地理风险，地理风险的因素不仅涉及自然地理，也包括政治、经济、地理条件，这些因素的不确定性可能会对勘探投资目标产生影响。第五是管理风险，管理上的风险因素主要包括勘探投资涉及的各种决策是否及时正确、勘探项目在运作过程中是否使生产要素实现最优配置[23]。如果是海外勘探，还要考虑政治风险及文化风险等因素。在这些风险因素中，有些是可控制的，有些是不可控制的，还有一些是半可控的，在油气勘探项目投资决策及管理中，应加强可控风险和半可控风险因素的管理，如可加强管理风险和工程风险的管理，而对地质风险和油价变动这些因素却只能是提前采取措施防范风险，因此，投资决策中更侧重于地质风险和经济风险的评价。

（二）风险分析方法

油气勘探投资风险分析的方法有定性和定量两种，也有将定性问题进行量化处理的方法。从方法的逻辑特点来看，有敏感性分析、盈亏平衡分析、概率分析和因素分析法。敏感性分析用来确定各种风险因素变化对勘探投资经济效果的影响程度，对于多数勘探项目而言，最为敏感的因素依次为油气储量、油价、成本，其他因素的敏感性随项目不同而变化。盈亏平衡分析用于确定影响勘探投资决策的主要参数的临界值，反映不确定因素变化时可以接受的底界。概率分析则是通过研究各种不确定因素发生不同变动的概率分布及其对投资经济效果的影响，对决策的主要指标做出概率描述，进而对勘探投资的风险程度做出比较准确的判断。因素分析法是先设定衡量油气勘探项目风险的因素，然后通过各种方法对各因素进行赋值，进而分析油气勘探项目风险程度的方法。

勘探投资风险分析方法中，敏感性分析和盈亏平衡分析比较容易做，但提供的风险分析结果对勘探投资决策的帮助也有限。概率分析非常复杂，其分析结果对科学决策提供的支撑也更为有力。严格说来，影响勘探投资经济效果的各种因素都是随机变量，尽管无法准确知道其在项目寿命期内的准确数值，却可以预测其取值范围，估计各种取值或值域发生的概率。对勘探投资而言，各种不确定因素常见的概率分布有均匀分布、二项式分布、泊松分布、指数分布、正态分布和三角分布等六种。由于勘探的地质和技术经济条件千变万化，有的因素难以通过历史资料确定其概率分布，这样的随机因素常采用三角分布来进行概率描述。由于勘探投资所涉及的现金流是由各种技术经济要素决定的，这些要素又服从一定的概率分布，使勘探投资的现金流量序列及反映勘探投资经济效果的指标成为随机变量。因素分析法主观性较强，不管是衡量风险的因素选择，还是对因素赋值主观性都较强。

六、油气勘探项目投资组合研究

现代投资组合理论是由马克维茨教授首先提出的。1952 年，马克维茨教授在

《财务学杂志》上发表了《投资组合选择》[24]一文，对充满风险的证券市场的最佳投资问题进行了开创性的研究。

马克维茨提出和建立的现代证券投资组合理论，其核心思想是要解决两个问题：①为何要进行组合投资，组合投资有什么作用？针对这一问题，现代证券投资组合理论给出了答案，证券投资组合具有风险分散的作用，即证券的组合投资是为了实现风险一定情况下的收益最大化或收益一定情况下的风险最小化，具有降低证券投资活动风险的机制。②证券市场的投资者除了通过证券组合来降低风险之外，将如何根据有关信息进一步实现证券市场投资的最优选择？对于这一问题，马克维茨的现代证券投资组合理论运用数理统计方法全面细致地分析了何为最优的资产结构和如何选择最优的资产结构。马克维茨的投资组合模型假设所有投资者有一个共同的单一投资期，所有的证券组合有一个特有的持有期，而这在现实条件下是不易达到的[24]。

现代投资组合理论在西方发展了近半个世纪，在理论上日趋成熟，同时在经济实践中日益受到广泛重视和利用。以高投入、高风险著称的石油行业如何选择合适的投资项目、形成有效的投资组合以实现其长期的经济增长正成为亟待解决的问题。20 世纪 90 年代，国际石油公司开始发展系统风险分析和优化投资组合技术，以期规避或降低勘探风险，效果显著，因而这也成为近年来国际石油界研究的热点之一。

油气勘探投资组合优化是在符合石油公司总体目标的前提下把勘探资金合理地分配于各个勘探项目，目的是最大限度增加公司的地质储量的情况下，对勘探项目风险和收益进行权衡。它不只是针对一个项目，而且是针对公司面临的所有区块、盆地等所组成的组合进行分析。

最早把投资组合理论应用于油气勘探项目选择和分析的是 Quick[25]，后来，Quick 和 Buck[26]又对其进行了深入研究，认为那些致力于发展和生存的石油公司在选择勘探项目时应该特别强调风险及投资组合的有效管理。过去那种不惜一切代价，以增长公司储量为目的的勘探投资方式已不合适，勘探投资应考虑勘探的风险因素及财务可行性。Walls[27]论述了投资组合理论与偏好分析理论在石油工业上游中的应用；Orman 和 Uggan[28]讨论了油气领域与证券领域相比的特殊性，并且对传统的资产评价理论与最优化组合进行了区别，Harris 等[29]等对考虑风险的勘探风险模拟及组合优化进行了研究。

经过二十多年的研究发展，国外石油行业不仅在理论模型方面进行了深入细致的研究（如遗传算法的应用、风险评价方法对组合的影响、项目依赖性风险研究等），而且开发了相应的投资组合决策软件系统，使投资组合理论在石油工业项目中得到了切实的应用，并取得了成果。

虽然国外石油工业项目投资组合应用已较为成熟，但国内石油公司在这方面的研究却刚起步。由于国内外在制度、管理等方面的差异，国内不能直接使用国外的研究成果，这一方面是因为国内外经济评价体系存在差别，使用的评价参数、评价指标都有很大不同；另一方面，国内在分析工具上不能配套，因此需研究适合于自己的投资组合模型及软件系统，还需要我们不断努力。近年来，国内一些油田的研究所或自己、或与高校合作已着手这方面的研究。

1998 年，华北石油管理局投资咨询中心的许宏志发表在《地质技术经济管理》第 5 期的《国有大型企业经营性建设项目投资组合方案优选方法探讨》一文结合国有大型企业的现实情况，对其经营性建设项目投资组合方案优选方法进行探讨[30]。这是最早的一篇关于建设项目投资组合的文章。另外，吴枚等[31]、郭秋麟[32,33]、王震[34]、刘金兰等[35,36]、米立军等[37]、殷爱贞[38]、王众等[39]也对油气勘探开发项目的投资组合进行了研究，这些研究主要是从风险和收益角度进行研究，寻找收益一定时风险最低的组合，或风险一定时收益最高的组合，或同时考虑风险和收益的组合，但这些研究仍停留在理论阶段，且数量不是很多。

七、油气勘探投资决策研究存在的问题

对油气勘探投资决策的理论研究颇多，然而在实践中，油气勘探投资决策仍然困难重重，决定哪些项目可以投资、投资多少，又如何采取切实有效的行动去提高投资的收益变得越来越困难，油气勘探投资决策的研究成果为什么在业界很少被真正使用，综合分析下来，可能存在以下几个方面的原因。

（一）现有研究重理论轻实践

油气藏地质条件认识的不完全性是油气勘探项目的一大特点。现在的问题是：懂地质的专家不懂经济，懂经济的专家不懂地质，地质思维和经济思维之间没有联系，因此，现有研究理论性较强、实践性较弱。

（二）缺乏整体和全局的系统思想

现有的油气勘探投资决策主要针对单独的勘探项目，没有考虑这个项目在整个企业战略和投资目标中的位置，并让它与其他投资项目一起，从成本、收益及风险层面上进行权衡比较。

（三）把决策过程简单地等同于评估过程

把决策过程简单地等同于评估过程，且过分依赖财务评估的方法。评估是勘探项目投资决策的一个重要部分，但不是全部。

（四）没考虑不同利益相关者的利益诉求

企业中不同的利益相关者具有不同的认知和利益诉求，他们形成了影响勘探项目投资决策的重要力量，那些理论上有效的勘探项目投资决策方法在实际应用中不一定能发挥其应有的作用。因此，即使拥有规范的决策流程和决策方法，勘探项目投资决策仍然是一个主观能动的过程，企业中的各种力量有意或无意、理性或非理性地影响决策结果，但绝大多数的研究使用理性模型方法，忽略来自心理学和社会学的知识对勘探项目投资决策研究的有益补充。

另外，油田企业处于不同的勘探开发阶段，人们对投资目标、投资绩效、风险和不确定性的承受度等方面有不同的理解和要求，这也影响了油气勘探投资决策研究的进展。

通过以上的分析可以发现，虽然对油气勘探投资决策的理论研究成果逐年增多，但并没有很好地解决现实中油气勘探投资决策的难题，油气勘探投资决策研究应权衡各方面的关系，如经济效益与社会效益、理性因素与非理性因素、长期利益与短期利益的关系。

第二节　多属性决策理论综述

油气勘探投资决策应该在国家发展规划、石油公司发展规划的指导下，制定决策目标。决策目标不仅要包括实现投资效益最大化、优化配置有限资源的企业目标，还要包括在科学发展观的指导下，积极推进循环经济，大力节能降耗，有效合理地利用资源，全面推进清洁生产，从生产和服务的源头减少污染物的产生，与社会和环境良性互动、协调发展的社会目标。因此，油气勘探投资决策的目标具有多重性特点，决策时需运用多属性决策理论与方法。

一、多属性决策概述

多属性决策是指在考虑多个属性的情况下，选择最优备选方案或进行方案排序的决策问题。多属性决策是多准则决策的重要组成部分，它与多目标决策一起构成了多准则决策体系，是运筹学与管理科学的重要分支。多属性决策着重研究关于离散的、有限个决策方案的决策问题[40]。

投资决策鲜有单单考虑一个方面的，一般属多属性决策问题，如投资项目评估、方案选优、工厂选址、科研成果评价等，因此多属性决策问题广泛存在于社会的各个领域。

多属性决策的过程是：根据评价对象和评价目的，从不同侧面选取刻画系统某种特征的评价指标，建立指标体系，然后通过一定的方法将多个指标值合并成一个综合评价值，据此进行方案（项目）优选、排序。多属性决策分析过程如图 2-2 所示。

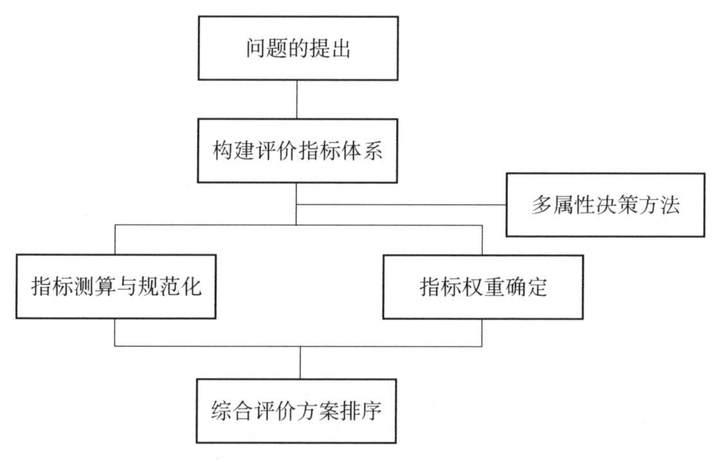

图 2-2　多属性决策的分析过程图

二、多属性决策属性分类及其规范化

（一）多属性决策属性分类

决策属性按其值是否是数据分为定量属性和定性属性，用数学语言进行描述的决策属性是定量属性，用文字语言进行相关描述的决策属性是定性属性，定量属性是依据统计数据，建立数学模型，并用数学模型计算出的决策属性。定性属性是主要凭分析者的直觉、经验来描述的决策属性。一般情况下，决策属性既有定量的也有定性的。例如，净现值、内部收益率就是定量属性，交通条件、经济发达情况就是定性属性。

决策属性按其性质不同还可以分为效益型属性（正指标）、成本型属性（反指标）、固定型属性和区间型属性，但较常见的是前两类。效益型属性（正指标）

是指在一定范围内其数值越大越好的指标，如内部收益率、净现值、净现值率等均属于效益型属性（正指标）。成本型属性（反指标）是指在一定范围内其数值越小越好的指标，如静态投资回收期就属于成本型属性（反指标）。固定型属性是指其属性值越接近某个值越好的属性，既不能太大，又不能太小。区间型属性是指其属性值越接近某个固定区间（包括落入该区间）越好的属性。

（二）属性规范化

在多属性决策中，各个评价指标的单位不同，因此评价指标间缺乏公度性，不能直接进行比较，为方便各指标间相互比较，须先将属性规范化，即规范化，下面介绍常用的几种方法。

1.线性变换

效益型属性规范化方法：

$$r_{ij}=\frac{x_{ij}}{x_{j\max}} \tag{2-4}$$

式中，x_{ij}为第i个项目（方案）的第j个指标值

$$x_{j\max}=\max_{i} x_{ij} \tag{2-5}$$

成本型属性规范化方法：

$$r_{ij}=\frac{x_{j\min}}{x_{ij}} \tag{2-6}$$

这样，效益型属性的最大值（偏好最大）为 1，成本型属性的最小值（偏好最大）也为 1，两种属性具有可比性。

2.（0-1）区域变换

效益型属性规范化方法：

$$r_{ij}=\frac{x_{ij}-x_{j\min}}{x_{j\max}-x_{j\min}} \tag{2-7}$$

成本型属性规范化方法：

$$r_{ij}=\frac{x_{j\max}-x_{ij}}{x_{j\max}-x_{j\min}} \tag{2-8}$$

这样，效益型属性的最大值（偏好最大）为 1，成本型属性的最小值（偏好最大）也为 1，两种属性具有可比性。

三、多属性决策权重确定

在多属性决策中，各个属性对最终评价结果的重要性不同，如在项目经济评价中，净现值指标对评价项目效益的影响比投资回收期指标重要得多，因此，应根据各属性对最终结果的影响程度确定各属性的权重。在综合评价中，权重系数确定的精确度和科学性将直接影响评价的结果。

确定属性权重的方法有很多，概括起来主要有两大类：主观赋权法和客观赋权法。主观赋权法是指根据专家、决策者的主观经验和判断，运用特定的方法测算属性权重的方法；客观赋权法是指根据决策矩阵提供的决策属性的信息，运用特定方法测算属性权重的方法。主观赋权法依赖经验和判断，有一定的主观性，其主要方法有头脑风暴法、德尔菲法、层次分析法等；客观赋权法是依据指标客观信息量的大小确定权重，常用的有熵值法和因子分析法。

（一）主观赋权法

主观赋权法有两种情况：一是当决策问题较简单时，即属性较少或决策层次较少时，可由各位专家、决策者直接给定各属性的权重，常用的方法有头脑风暴法和德尔菲法；二是当决策问题较复杂时，即属性较多、或决策层次较多时，可由各位专家、决策者对各决策属性的重要程度进行两两比较，然后采用特定方法确定各属性权重常用的方法有层次分析法。但不管是哪种情况，主观赋权法都是人们依照经验主观确定，在赋权的过程中充分发挥专家作用，利用专家的知识、经验。主观赋权法的优点是能反映决策者的决策偏好，如风险偏好型的决策者会让风险的权重相对降低，而收益的权重相应提高；相对应地，风险厌恶型的决策者则会增加风险的权重。但主观赋权法的缺点是太主观，可能由于所处环境的不同、心情的不同，相同的人对相同的决策属性的评价也不一样。

1.头脑风暴法

头脑风暴法是由美国创造学家奥斯本于1939年首次提出、1953年正式发表的一种激发性思维的方法。由主持人选择地位平等（互不认识或认识但职位平等）的专家围桌而坐，主持人说明要讨论的问题，与会成员自由发表观点，在会上不允许否定别人的意见，但鼓励各抒己见，互相启发和激励；所有的观点都当场记录下来，留稍后再讨论和分析；但主持人在适当时机要进行归纳，逐步形成较一致的意见。会议必须遵守下列原则。

（1）禁止批评和评论，也不要自谦。对别人提出的任何想法都不能批判、不得阻拦。即使自己认为是幼稚的、错误的，甚至是荒诞离奇的设想，亦不得予以驳斥；同时也不允许自我批判，在心理上调动每一个与会者的积极性，防止出现一些“扼杀性语句”和“自我扼杀语句”。例如，“这根本行不通”“你这想法太陈旧了”“这是不可能的”“这不符合某某定律”，以及“我提一个不成熟的看法”“我有一个不一定行得通的想法”等语句禁止在会议上出现。只有这样，与会者才可能在充分放松的心境下，在别人设想的激励下，集中全部精力开拓自己的思路。

（2）鼓励巧妙地利用和改善他人的设想。这是激励的关键所在。每个与会者都要从他人的设想中激励自己，从中得到启示，或补充他人的设想，或将他人的若干设想综合起来提出新的设想等。

（3）与会人员一律平等，各种设想全部记录下来。与会人员，不论是该方面的专家、员工，还是其他领域的学者，以及该领域的外行，一律平等；各种设想，不论大小，甚至是最荒诞的设想，记录人员也要求认真地将其完整地记录下来。

（4）主张独立思考，不允许私下交谈，以免干扰别人的思维。

（5）提倡自由发言，畅所欲言，任意思考。会议提倡自由奔放、随便思考、任意想象、尽量发挥，主意越新越好，因为它能启发人推导出好的观念。

（6）不强调个人的成绩，应以小组的整体利益为重，注意和理解别人的贡献，创造民主环境，不以多数人的意见阻碍个人新的观点的产生，激发个人追求更多、更好的主意。

2.德尔菲法

德尔菲法是在20世纪40年代由赫尔姆和达尔克首创，经过戈尔登和兰德公司进一步发展而成的。具体做法是：由主持人向专家阐述要解决的问题，然后各位专家背对背匿名发表意见，由主持人将各位专家的意见汇总后反馈给各位专家，专家再根据反馈的情况修改自己的意见，最终使意见趋于统一。

德尔菲法主要有以下三个特征，使这个方法能有效地征求和提炼各位专家的意见。

（1）匿名性。向每位专家发放一份意见咨询表，由专家匿名发表意见。匿名的目的是使他们的意见能真正反映他们的想法，不受地位、名誉的影响。

（2）反馈性。德尔菲法最终得出结论需几轮反复，主持人每一轮都把收集到的意见经过统计处理，然后反馈给各位专家，经过这种信息反馈，各位专家的意见将逐步集中。

（3）统计性。德尔菲法用一定的统计方法对专家的意见作出统计归纳处理，对量化预测结果的处理常用四分位法，对非量化预测结果的统计处理常用比重法和评分法。这样，每种观点都包括在这样的统计中，避免了专家会议法只反映多数人观点的缺点。

3.层次分析法

层次分析法是在20世纪70年代中期由美国运筹学家托马斯·塞蒂正式提出的，它是一种定性和定量相结合的、系统化、层次化的分析方法。首先，对复杂决策问题的本质、影响因素及内在关系等进行深入分析，构建层次结构模型；其次，从层次结构模型的第 2 层开始，对从属于(或影响)上一层每个因素的同一层诸因素，进行两两比较，构建两两比较矩阵；然后，计算权向量并做一致性检验，计算最大特征根及对应特征向量，利用一致性指标、随机一致性指标和一致性比率做一致性检验，若检验通过，特征向量即为权向量，若不通过，需重新构造成两两比较矩阵；最后，计算组合权向量并做组合一致性检验，若检验通过，则可按照组合权向量表示的结果进行决策，否则需要重新考虑模型或重新构造那些一致性比率较大的两两比较矩阵。

（二）客观赋权法

客观赋权法有两种：一种是统计分析法，通过科学的方法对数据资料进行整理、计算、分析而得到权重，如主成分分析法、均方差法、离差最大化法；另一种是需计算指标信息熵的熵值法。客观赋权法来源于客观实际数据，有较强的客观性，避免了人为因素和主观因素的影响，但其解释性较差。

1.主成分分析法

主成分分析法是一种降维的统计方法，它借助一个正交变换，将其分量相关的原随机向量转化成其分量不相关的新随机向量，把线性相关的多指标转换成少数几个线性不相关的综合指标，这种方法能消除指标间信息的重叠，而且能根据指标所提供的信息，通过数学运算而主动赋权，有客观性。

2.均方差法

均方差法是一种基于均方差的求解多属性权重的方法，基本思路是：将各评价指标视为随机变量计算各指标的均方差，指标的均方差越大，指标的离散程度越大，在评价时，这些指标越重要，这些指标的权重越大。

3.熵值法

熵是系统无序程度的度量，可以用于度量已知数据所包含的有效信息量和确定权重。熵值法是根据各属性值的差异程度，确定各属性的权重。各属性的信息熵越小，信息的无序度越低，其信息的效用值越大，该决策属性的权重越大；反之，信息熵越大，信息的无序度越高，其信息的效用值越小，该决策属性的权重也越小；当各评价对象的某项属性值完全相同时，熵值达到最大，这意味着该决策属性无有用信息，可以删除。

（三）组合赋权法

主观赋权法由专家、决策者根据自身的经验、知识确定权重，充分考虑实际情况，反映决策者的决策偏好，但客观性较差；客观赋权法从统计的角度来确定权重，客观性较强，但确定的权重没有解释性，没有考虑属性的实际情况，而且无法反映决策人的决策偏好，可能导致最终得出的权重与各属性的实际重要程度没有太多关联。由此学者们将更多的目光放在组合赋权法上，既兼顾决策者对属性的偏好，同时又力争减少赋权的主观随意性，使各属性的权重合理、科学。为了能够更全面、科学，更能符合决策的实际情况，此领域已经吸引了众多的学者。

四、常用的多属性决策方法简介

（一）专家评价法

专家评价法是应用较早的一种评价方法，由专家根据具体情况做出定量评价，通常是由多名专家分别打分，然后通过一定的统计方法得出最后评价，因此这种方法的评价结果具有统计特性。专家评价法的最大优点是所需历史资料较少，特别是当决策者有较强的决策偏好时，这种方法更能反映决策者的意愿。但这种方法的缺点是主观性太强，不同的专家在不同时间得出的结论可能不同，不具可验证性。

（二）模糊综合评价法

模糊综合评价法最早是由我国学者汪培庄提出的，它借助模糊数学的一些概念，应用模糊关系合成的原理，将一些边界不清、不易定量的因素定量化，从多个因素对被评价事物隶属等级状况进行综合性评价的一种方法。模糊综合评价法的基本原理是：首先确定被评价对象的因素（指标）集和评价（等级）集；再确定各因素在每一个评价（等级）的隶属度，获得模糊评判矩阵；最后，将模糊评判矩阵与各指标权重矢量进行模糊运算，得到模糊综合评价结果。

（三）数据包络分析法

数据包络分析法是著名运筹学家 Charnes 和 Copper[41]等学者以“相对效率”概念为基础，根据多指标投入和多指标产出对相同类型的单位（部门）进行相对有效性或效益评价的一种新的系统分析方法。它是对一组给定的决策单元，选定一组输入、输出的评价指标，求所关心的特定决策单元的有效性系统，以此来评价决策单元的优劣，即被评价单元相对于给定的那组决策单元的相对有效性。它是处理多目标决策问题的好方法。决策单元的相对有效性（即决策单元的优劣）被称为 DEA 有效。

（四）灰色关联度分析法

灰色关联度分析法是根据因素之间发展的相似或相异程度来衡量因素间关联程度的方法，进行关联度分析，首先要找准数据序列，即用什么数据才能反映系统的行为特征。当有了系统行为的数据列（即各时刻的数据）后，根据关联度计算公式便可算出关联程度。关联度反映各评价对象对理想（标准）对象的接近次序，即评价对象的优劣次序，其中灰色关联度最大的评价对象为最佳。灰色关联度分析法最大的优点是它对数据量没有太高的要求，即数据多与少都可以分析。它的数学方法是非统计方法，在系统数据资料较少和条件不满足统计要求的情况下，更具有实用性。

（五）人工神经网络评价法

人工神经网络的工作原理大致模拟人脑的工作原理，即首先要以一定的学习准则进行学习，然后才能进行判断、评价等工作。它主要根据所提供的数据，通过学习和训练，找出输入和输出之间的内在联系，从而求取问题的解。人工神经网络反映了人脑功能的基本特性，但并不是生物神经系统的逼真描述，只是一定层次和适度上的模仿与简化。强调大量神经元之间的协同作用和通过学习的方法解决问题是人工神经网络的重要特征。

基于人工神经网络的多指标综合评价方法通过神经网络的自学习、自适应能力和强容错性，建立更加接近人类思维模式的定性和定量相结合的综合评价模型。训练好的神经网络把专家的评价思想以连接权的方式赋予网络上，这样该网络不仅可以模拟专家进行定量评价，而且避免了评价过程中的人为失误。因为，模型的权值是通过实例学习得到的，这就避免了人为计取权重和相关系数的主观影响与不确定性。

第三节　投资组合优化理论

1952 年，25 岁的美国大学毕业生马克维茨首次提出投资组合理论，并进行了系统、深入的研究，使投资组合理论发生了根本性变革，也使他获得了诺贝尔经济学奖。马克维茨投资组合理论的关键点是：投资者不只关心收益，同样关注风险，投资是寻找一种在风险和收益之间的均衡；另外，项目能否被选择的着眼点不只是项目本身，而在于该项目对投资组合整体产生的影响。马克维茨模型表明，构建投资组合的合理目标应是在给定的风险水平下取得最大回报的投资组合或是在给定收益水平下取得风险最小的投资组合。

一、投资组合优化的核心思想

现代投资组合理论是随着证券市场的发展而发展起来的，是指为避免过高风险或过低收益，根据多元化原则，选择若干种资产进行搭配投资，回避风险，也就是俗语说的“不要将所有的鸡蛋放到一个篮子里”。因此，投资组合优化的核心思想就是“通过分散投资保证收益的基础上，降低风险”。关注的核心是投资组合的收益和风险，而不是单项投资的收益和风险，经过投资组合后，组合可能获得高收益、低风险。

风险分为系统性风险和非系统性风险。系统性风险是指影响整个市场的因素带来的风险，如政治风险等；非系统性风险指的则是某个公司（项目）的个别风险，如公司的决策失误等因素带来的风险。系统性风险是不可消除的，非系统性风险可以通过分散化投资来消除。

二、马克维茨投资组合优化理论

马克维茨投资组合优化理论的假设前提：①投资收益是指在一段时期的预期

收益的概率分布，即投资者用预期收益的分布来描述一项投资的收益；②投资者的目标是单期效用最大化，而且他们的效用函数呈现边际效用递减的特点；③投资者以预期收益的波动性来估计投资的风险；④投资者仅依靠预期的投资风险和收益来做出投资决定，所以他们的效用函数只是预期风险和收益的函数；⑤在预期风险一定的情况下，投资者希望得到更高的预期收益，或者，在预期收益一定的情况下，投资者希望得到更低的风险。

马克维茨方法为单期方法，即在期初 $t=0$ 时买入一个资产组合，在期末 $t=1$ 时卖出，它的目的是在给定投资者的风险收益偏好和各种证券组合的预期收益与风险之后，确定投资者最优的风险收益组合关系，进而确定投资组合构成。

马克维茨的投资组合优化理论的基础是：单一期间和预期终值效用最大化。单一期间是指持有投资的期间是单期的，不涉及复利；预期终值效用最大化是指投资者追求收益的最大化、风险的最小化，目的是获取最大效用。

假设投资者的期初资产已知为 W_{i}，期末资产为 W_{t}，其收益率为 R，则终值计算公式如下：

$$W_{\mathrm{t}}=W_{\mathrm{i}}+RW_{\mathrm{i}} \tag{2-9}$$

由式（2-9）可知，使投资终值效用最大化的关键是收益率 R，因此，收益率是投资者效用方程的唯一变量，可表示为

$$U=F(R) \tag{2-10}$$

马克维茨的投资组合优化理论认为，预期的资产收益具有一定的概率分布，一般情况下为正态分布；投资者的终值效用可用收益和风险来加以度量，由统计学可知，此处的收益指预期收益或收益的期望值，而风险则为预期收益的方差，即

$$U=F(\mathrm{ER},\delta_R^2) \tag{2-11}$$

式中，ER 为预期收益；δ_R 为收益的标准差。由于投资者倾向于取得高收益的同时回避风险，有

$$\frac{\partial U}{\partial \mathrm{ER}}>0;\ 且\frac{\partial U}{\partial \delta_R}<0 \tag{2-12}$$

同样，对于资产组合上述性质同样成立。

马克维茨的投资组合优化理论就是以上述基本要素作为其理论推导的出发点。概括起来主要包括：①投资者都为理性个体，服从不满足假设和回避风险假设；②投资者以期望收益率和方差（或标准差）来评价资产或资产组合；③投资者倾向于持有有效证券组合，即在给定风险条件下具有最高的预期收益，同时在给定预期收益条件下具有最低的风险水平；④投资者对资产或资产组合的预期收

益的概率分布具有一致的认识；⑤资产具有无限可分性。

三、夏普的单指数模型

（一）单指数模型的提出

马克维茨投资组合理论提供了确定最优投资组合的理论和方法，但在实际应用马克维茨模型时，如果投资组合项目较多，则投资组合方差的计算公式操作性就很弱了，例如，投资组合中有 n 种证券，投资组合的方差就是 n 种方差及 $n(n-1)/2$ 种协方差的加总，当 $n=20$ 时，就需要计算 20 个收益的期望值、20 个方差及 190 个协方差，计算工作量较大；当 $n=150$ 时，一共需要计算 150 个期望值、150 个方差及 11175 个协方差值，计算量巨大，即使现在有计算机辅助，工作量也是巨大的，而且需要工作人员具有较强的计算机操作能力。于是管理学学者们开始研究能简化运算的替代方法，夏普在马克维茨模型的基础上于 1963 年在《管理科学》（*Management Science*）上发表《用于投资组合分析的简化模型》[42]一文，提出单指数模型（single index model），亦称市场模型（market model）。现在单指数模型已被广泛运用于投资组合中单个证券间的投资分配。

（二）单指数模型

夏普通过观察股票市场价格得出结论：大多数股票行情是随着整个股市行情的涨落而涨落的。单指数模型假设各证券价格或收益率相关的真正原因是对整个市场变化有共同反应，因此，可以通过将第 i 种证券股票收益率与证券市场收益率联系起来对这种共同反应进行测量。股票的收益率可以写成：

$$R_i = \alpha_i + \beta_i R_m \tag{2-13}$$

式中，α_i 为第 i 种股票的特有收益率，这部分收益率与市场收益率无关；R_m 为证券市场收益率；β_i 为常数，第 i 种股票收益率的变化是相对证券市场收益率变化的倍数。

可以进一步将 α_i 分解成期望值和随机项两个部分，并通过建模，使随机项的期望值为 0，即

$$\alpha_i = \alpha_i + e_i，且 E(e_i) = 0 \tag{2-14}$$

$R_i = \alpha_i + \beta_i R_m$ 可以写成

$$R_i = \alpha_i + \beta_i R_m + e_i$$

式中，R_m、e_i 分别为随机变量，标准差分别用 δ_m、δ_{e_i} 表示。再假设 R_m 和 e_i 无关，

即 cov（e_i, R_m）= 0，这就是单指数模型的基本等式。

cov（e_i, e_j）= E（e_i, e_j）= 0 是单指数模型最关键的假设，即各种股票收益率都受证卷市场收益率变化的影响，因此，各种股票收益率存在共同变化，而不受股票相互之间特有收益率的影响。在单指数模型中，可以通过时间序列分析技术对 α_i、β_i 及 δ_{ei}^2 进行估计，概括起来如下。

单指数模型基本等式：

$$R_i = \alpha_i + \beta_i R_m + e_i,\ i = 1,2,\cdots,N \tag{2-15}$$

通过人为建模，可使

$$E(e_i) = 0,\ i = 1,2,\cdots,N \tag{2-16}$$

通过假设

$$\mathrm{cov}(e_i, R_m) = 0,\ i = 1,2,\cdots,N \tag{2-17}$$

$$\mathrm{cov}(e_i, e_j) = E(e_i, e_j) = 0,\ i = 1,2,\cdots,N \tag{2-18}$$

通过定义

$$V(R_m) = \delta_m^2 \tag{2-19}$$

$$V(e_i) = \delta_{e_i}^2,\ i = 1,2,\cdots,N \tag{2-20}$$

根据上述单指数模型，任何一种证券的均值方差和任意不同证券之间的协方差可以表示成

$$\bar{R}_i = \alpha_i + \beta_i \bar{R}_m$$

$$\delta_i^2 = \beta_i^2 \delta_m^2 + \delta_{e_i}^2$$

$$\delta_{ij} = \beta_i \beta_j \delta_m^2$$

如式（2-17）所示，第 i 种证券收益率的期望值由两个部分构成：证券独有的 α_i 和与市场相关的 $\beta_i \bar{R}_m$。同样，根据公式 $\delta_i^2 = \beta_i^2 \delta_m^2$，第 i 种证券的方差也由两部分组成：证券独有的 $\delta_{e_i}^2$ 和与市场相关的 $\beta_i^2 \delta_m^2$。与方差形成对比的是，协方差仅与市场风险有关，如公式 $\delta_{ij} = \beta_i \beta_j \delta_m^2$ 所示。这也说明了证券共同变化的唯一原因是对市场的共同反应。

由 n 个证券组成的证券投资组合的均值和方差公式分别为

$$\bar{R}_P = \sum_{i=1}^{n} X_i \alpha_i + \sum_{i=1}^{n} X_i \beta_i \bar{R}_m \tag{2-21}$$

$$\delta_P^2 = \sum_{i=1}^{n} X_i \beta_i^2 \delta_m^2 + 2\sum_{i=1}^{n}\sum_{i=1}^{n} X_i X_j \beta_i \beta_j \delta_m^2 + \sum_{i=1}^{n} \delta_{e_i}^2 \tag{2-22}$$

由式（2-22）可以看出，如果能估计出任一证券的 α_i、β_i、δ_{e_i}，以及市场指数收益率的均值和方差，只需有 $3n+2$ 个估计值，就可以提供投资组合分析所需

的收益、方差和协方差。单指数模型的优点显而易见：首先，所需估计值的数目大大减少；其次，只需估计证券与市场指数之间的相关性，不用再直接估计证券之间的相关性，因此，证券分析机构不须在部门职能上交错衔接，操作起来更方便。

四、油气勘探投资组合优化程序

根据油气勘探项目自身的特点，投资组合优化的步骤如下。

（1）确定油气勘探投资约束。根据油田运行规律、油价预期等，进行勘探开发投资结构优化研究，确定勘探投资比例，以此作为油气勘探投资资金约束条件。

（2）油气勘探项目经济评价。根据油气勘探项目勘探任务及勘探目标，构建经济评价指标体系，以全方位对油气勘探项目进行评价，包括经济效益、社会效益和环境效益评价，以及经济风险、地质风险和工程风险评价。然后运用多属性评价方法对油气勘探项目各方案的评价指标进行综合，最终确定最优方案。

（3）对某个盆地或油田的备选勘探项目进行技术经济评价，技术上可行、经济又合理的项目可列入备选的勘探项目。

（4）根据投资者偏好及约束条件进行油气勘探项目投资组合优化，以达到风险和收益的权衡。

五、投资组合优化常用方法

通过对油气勘探过程的研究，经合理假设，可认为油气勘探遵循报酬递减规律，即经济学中的边际报酬递减规律，对一个油气藏评价项目，如果增加地震工作量，加大探井总进尺，则可能使更多的控制储量成为探明储量，进而影响今后开发与生产方案的制订，但投资规模的变化与其效益的变化一般不成正比，随着投资规模的扩大，投资的边际效益递减。

另外，各石油企业经常面临许多勘探投资机会，众多的油气勘探项目在经济上或许都可行，但在有资金约束的条件下，只能投资于其中的几个项目。

因此，把有限的资金投资于项目 A，还是投资于项目 B？是在项目 A 中多追加投资，从而多拿探明储量，还是扩大项目 B 的投资规模，获取更大的投资效益？类似这样的问题需要投资者做出科学的决策。

常用的项目排序方法有如下几种。

（一）0-1 整数规划法

0-1 整数规划法是整数规划的一种，变量等于 0 或者 1，根据油气勘探投资决策结果，项目要么入选，要么被淘汰，只有两种可能，因此选用该方法进行勘探投资决策。

1.目标函数

在理想资本市场条件下，期望净现值最大等价于财富最大，因此，选择期望净现值作目标函数。目标函数为

$$\max Z=\sum_{i=1}^{n}\sum_{j=0}^{m}\mathrm{ENPV}_{ij}W_{ij} \tag{2-23}$$

式中，Z 为投资组合方案的净现值之和；ENPV_{ij} 为第 i 个项目第 j 个有资格方案的期望净现值；n 为备选项目的数量；m 为备选项目的方案数；W_{ij}=1 或 0，分别代表第 i 个项目的第 j 个方案入选或被淘汰。

2.约束条件

（1）首先考查可利用的资源量，即资源约束的一般形式为

$$\sum_{i=1}^{n}\sum_{j=1}^{m}C_{ij}W_{ij}\leqslant C \tag{2-24}$$

式中，C_{ij} 为第 i 个项目第 j 个方案对某种资源的需要量；C 为某种资源的极限可用量。资源约束不仅仅限于可利用的投资，这里资源可以是资本，也可以是人力、原材料或机械设备等。

（2）项目间相互联系的约束主要有以下四种。

第一，互斥项目。互斥项目是指互相排斥的项目，即某一子集中的项目最多只能有一个项目入选，每个备选项目中的互斥方案即视为互斥项目。

第二，依存项目。如果项目乙依存于项目甲，也就是说只有在项目甲被选中的情况下，才能考虑项目乙的选取问题，没有项目甲就绝对没有项目乙。

第三，互存项目。互存项目是指必须同时入选的项目。也就是说，有甲必有乙，同时有乙也必有甲。

第四，联合项目。联合项目是指联合实施能够产生与单项实施不同的现金流量的项目，对于联合项目的联合实施可以看成一个新的项目，新项目与原项目构成互斥的关系。

0-1 整数规划法的优点是能确定最佳组合，缺点有二：一是计算复杂；二是在给定的约束条件下，虽然最佳组合是唯一的，但是不能给出项目选择的优劣次

序，当约束条件变化时，需要重新计算选择最佳组合，工作量较大。但在使用计算机编程的情况下，这些已经不是问题。因此，笔者认为这是一种较理想的评价方法。

（二）风险-收益模型

任何项目都会面临各种各样的风险，风险表示项目失败的可能性。若以 p 表示项目成功的概率，则项目的风险可表示为 $1-p$。收益则指项目的预期利润、销售额或决策人乐于用的其他衡量值。风险-收益模型实际上是一种图解模型。在图中，将投资者能够接受的最高风险和最低预期收益圈定一个范围，然后将备选项目的预期风险和收益标在图中，将在接受范围之外的项目予以淘汰，并根据收益和风险的比率排列出可选项目的优先次序。

这种方法的优点是比较直观，但缺点是不一定能得到最优解。

（三）排序法

排序法是指按项目的某个指标（如净现值、净现值率、内部收益率）从大到小排序，在一定的资金限制下，寻找能使项目组合指标最大的项目组合。排序法的优点是较简便，但对一个评价问题采用排序法，并不能保证可以求得最优解。

（四）多目标规划

项目投资决策通常不止一个目标，因此可用多目标规划进行优化。

多目标规划是运筹学中的一个重要分支，它是在线性规划的基础上，为解决多目标决策问题而发展起来的一种科学管理的数学方法。多目标规划的概念是1961 年由美国数学家查尔斯和库柏首先提出的。任何多目标规划问题都由两个基本部分组成：①两个以上的目标函数；②若干个约束条件。

多目标规划问题的求解不能只追求一个目标的最优化（最大或最小），而不顾其他目标。当目标函数处于冲突状态时，就不会存在使所有目标函数同时达到最大或最小值的最优解，于是只能寻求非劣解。

第三章 油气勘探开发投资优化研究

当前，油气勘探投资决策研究大多针对具体油气勘探项目（或目标）这一微观领域，对宏观领域的问题研究较少，如合理的勘探投资规模及勘探开发投资比例等问题，但这些问题又是影响油田企业长期发展的关键问题。本章主要研究在可持续发展模式下及一定约束条件下，使油田企业经济效益达到最大时的勘探投资规模及勘探投资比例。

储量接替率是衡量石油公司发展潜力的重要标志之一，保持合理的勘探开发投资比例是储量接替率增长的内在因素。储量接替率是当年新增储量与油气产量的比值，当年新增值包括储量复算、扩边及勘探发现增加的储量，而勘探投资与扩边及勘探发现新增储量相关，当年油气产量与开发投资相关，因此，油田企业为强化上游业务的持续稳定发展，必须加大勘探开发投资力度，同时，还需注意保持合理的勘探投资与开发投资比例。

第一节　油气勘探开发投资优化概述

一、油气勘探开发投资优化研究对象

（一）实行油气藏经营管理

当油田企业实行油气藏经营管理时，地下地质构造与地上管理机构相对应，油气勘探开发投资结构优化研究的对象是具有相同（相似）地质构造的勘探区域，如拗陷，由于地质构造相近，勘探开发规律相似，参数测算更精确、更具针对性。将油田企业各个具有相同（相似）地质构造的勘探区域分别进行分析后，综合结果即得油田企业的最佳勘探开发投资结构优化结果。

（二）未实行油气藏经营管理

当未实行油气藏经营管理时，地下地质构造与地上管理机构不完全对应，针对某个地质构造相同（似）的勘探区域的勘探开发数据不易取得，依据数据取得的可行性，研究对象以地上的管理单元而定，既可以是油田企业整体，也可以是一个采油厂。

二、油气勘探开发投资优化研究内容

油田企业增产稳产的条件之一是储量接替率不小于 1，即当年新增储量不小于当年油气产量。因此，新增探明储量是否足够，不仅与勘探投资有关，也与开发投资有关。油气勘探投资影响当年新增探明储量的多少，开发投资影响产能建设，进而影响油气产量，如果新增储量不能弥补油气采出量，即储量接替率小于 1，而且这种情况长期发生，就会减弱油田稳产、上产的基础。因此，勘探投资合理与否，不仅用勘探投资绝对数来衡量，还应考虑与开发投资的关系，即勘探开发投资比例。勘探开发投资配置不仅直接影响当年储量和产量的实现，还会对今后的储量发现和最终可采储量产生影响，进而影响油气生产成本，成为油气生产企业现金流变化的直接原因。

需要指出的是，不同的油气田或同一油气田的不同勘探开发阶段，由于其地质条件、资源条件及油田发展战略的不同，其经济投资规模及勘探开发投资的合理比例也不相同。

三、油气勘探开发投资优化研究的意义

油气勘探开发投资比例影响储量接替率，而储量接替率与公司市盈率之间关系密切，在一定范围内呈正相关关系，即在合理范围内，储量接替率越高，市场对油田企业的认可度越高，油田企业未来发展前景越好，因此维持合理的勘探开发投资比例对油田企业至关重要。

（一）油气勘探开发投资比例与储量接替率的关系

油气勘探投资对油田企业未来油气储量的增长和生产影响深远，涉及公司长远发展，而开发投资则是油田企业短期内快速提高产量、获得最大利润的有效方式，只有勘探投资和开发投资保持合理的比例，才能确保上游业务的和谐稳定发展。徐腾和邓景澜[43]、张立伟和杨宪一[44]分别通过对埃克森美孚、英国石油公司

（BP）等上市公司历年勘探开发投资比例与储量接替率进行对比分析后，认为勘探开发投资比例与储量接替率间有正相关关系。

（二）储量接替率与市盈率关系分析

储量接替率是指年度新增储量除以年度油气产量的比值，储量接替率大于 1，意味着油田企业只靠新增储量就能满足开采要求，不需动用原有储量，因此，油田企业的剩余储量会越来越多，为油田企业的稳产、上产夯实基础，实现油田持续发展。国际市场一般会给储量接替率大于 1 的公司较高估值。储量接替率已经成为衡量国际大石油公司发展潜力的重要标志。

市盈率指标常被用来反映股票的市场认可度，在合理的范围内，市盈率越高，表明市场对公司未来发展前景越乐观，市场的认可度越高。

一般情况下，石油公司的市盈率与储量接替率之间关系明确，在一定范围内呈正相关关系，说明储量接替率高，石油公司的市场认可度高，也就意味着大众看好该公司的未来发展，该公司可持续发展[44]。

由以上分析可知，储量接替率是影响石油公司长远发展的重要指标，而储量接替率又与勘探开发投资比例呈现强相关关系，因此，在确定合理勘探投资规模时，确定正确的储量接替率至关重要。

四、油气勘探开发投资优化遵循的原则

（一）坚持可持续发展原则

可持续发展是一种注重长远发展的经济增长模式，最初于 1972 年提出，指既满足当代人的需求，又不损害后代人满足其需求的能力，是科学发展观的基本要求之一。对油气勘探投资合理规模而言，可持续发展是指勘探投资规模可保证油田企业充足的后备储量，不至于因过度开采使储量储备不足，影响油田企业的长远发展。

（二）坚持经济效益原则

油气勘探开发是经济活动，必须关注经济效益，以收抵支，并有盈余，才能保证企业发展，过去那种“以产量为中心，以完成产量任务为主旨”的生产经营方式越来越不适应社会主义市场经济体制的要求。

（三）坚持动态调整原则

在坚持经济效益原则的前提下，合理的油气勘探投资规模不是一个固定不变的数值，会随着油气田所处地理位置、油田所处勘探开发阶段、企业发展战略、油气藏地质条件及油价的不同而不同。世界上不存在两块完全相同的油气藏，因此合理的油气勘探投资规模要因油田（区块）而异；随着油气田的勘探开发，对油气田的认识也就不断深化，而且所面临的外部环境（如油价、材料成本、人工成本）也在不断发生变化，因此在“以经济效益为中心”的原则指导下，合理的油气勘探规模也要随之变化。

五、油气勘探开发投资优化影响因素分析

（一）储量接替率和储采比

储采比是指一个国家（地区或油气田）年初剩余可采储量与当年年产量的比值。储采比是油气产量保证程度的一种指标，是石油工业上游领域的一个重要比例关系；同时，储采比也是分析、判断油气田合理开发、建设规模、生产形式和稳产形势的重要指标。合理确定储采比和储量接替率，既能保证原油产量正常增加，又能促进对油气勘探进行合理的投资。如果储采比过小，说明油田企业后备储量不足，削弱油田长期稳产的基础，因此，相应地增加勘探投资及勘探投资比例，以调高储采比。但储采比如果过大，说明储量过多已造成资金的积压，可相应减少油气勘探投资及其比例，适当调低储采比。

储量接替率与储采比均是反映油田企业能否持续发展的指标，它们之间的数量关系是：当储量接替率大于1时，储采比会上升；当储量接替率小于1时，储采比会下降；当储量接替率等于1时，储采比保持不变。相比储量接替率，储采比反映油田长期发展战略，是一个较长期的指标，是累计勘探投资与开发投资的关系，调整储采比需较长时间；相比储采比，储量接替率是年度指标，与当年勘探开发投资关系更密切，因此储量接替率对短期的勘探开发投资优化意义更大，更具操作性。

（二）油田勘探开发阶段

在油田勘探开发初期，重中之重是明确重点勘探阵地、获得经济规模储量，此时勘探投资是绝对的主要投资。获得经济规模储量之后，开始新建产能并进行开采，此时，勘探投资仍然占据主导地位，但开发投资比例开始逐渐上升。油田

企业进入勘探开发中期以后，已初步总结出油气勘探规律，油气勘探项目以圈闭预探为主，新区勘探为补充，储量进入稳定增长期，同时，油田进入稳产期，这一阶段是油田投资回收的高峰期，开发投资超过勘探投资占据主要地位。油田进入勘探开发后期，油田含水率逐年提高，油气产量递减加快，产量稳定需要依赖于老油田的内部挖潜，增产措施频繁，在这一阶段，复杂油气藏、隐蔽油气藏成为勘探的主要对象，勘探难度逐步增大，单位新增储量成本也越来越高，随着勘探、开发潜力的衰减，需要不断扩大新探区的勘探投资规模，及时寻找新的储量及产量接替场所，实现油田的可持续发展。

因此，在不同的勘探开发阶段，面临的勘探开发形势不同，必须合理配置勘探开发投资，才能获得最佳的综合经济效益。例如，在油田勘探开发中期，如果资金配置比例失调，勘探投资发生严重短缺，油气产出量大于新增储量，势必影响后备储量，导致储采比下降，使油田长期发展乏力，最终油气产量下降，造成开发工作逐步萎缩。

（三）油气价格

石油行业上游领域经济效益的最终实现依靠的是将油气采出后出售，因此油价高低直接影响勘探开发经济效益，进而影响勘探开发投资总额及其比例。当油价攀升时，油田企业经济效益提升，有更多的资金用于风险勘探投资，夯实储量基础，为油田长远发展奠定基础，此时，勘探投资绝对额增加。但同时，相比勘探投资，开发投资实现效益更直接，因此，油田企业会加大开发投资的力度，勘探投资比例反倒可能下降，此时要求决策者具有长远眼光，使勘探投资保持一定比例，同时，不能破坏性开采；相反，当油价下跌时，油田企业经济效益不好，没有更多的资金投入勘探，甚至一些企业放弃勘探，此时同样需要决策者放远眼光，维持一定的勘探投资，为油田企业长远发展奠定基础。

（四）吨储量投资和单位产能建设投资

吨储量投资是勘探投资与新增探明储量的比值，在新增探明储量一定的前提下，吨储量投资直接影响勘探投资额；单位产能建设投资是开发投资与当年新增产能的比值，在新增产能一定的前提下，单位产能建设投资直接影响开发投资额。

（五）采油速度

采油速度是年采油量与剩余地质储量的百分比，是决定油田开发效果好坏的重要指标之一，采油速度太高或太低都将影响油田的最终开发效果。太高的采油速度的结果是：近些年的产油量增加，近期效益增加，但可能会使油气储量的最终采出程度降低，不利于油田长远发展；反过来，太低的采油速度会导致近些年的产油量减少，油田净现金流量现值降低，油田经济效益降低。因此，需要针对不同油气藏的特点，根据油气藏类型、储量丰度、地理位置、国际油价水平和油田开发所处的阶段，通过经济评价，科学合理地确定相应的采油速度，以确保油区的持续稳定发展。

（六）油田企业发展战略

油田企业发展战略是影响勘探开发投资比例的一个主要方面，油田企业发展战略包括上产、稳产或减产，而这些发展战略直接影响勘探开发投资结构。

第二节　构建油气勘探开发投资优化模型

一、目标函数

油气勘探开发投资优化的最终目标是：在保证油田可持续发展的前提下，实现油田企业获利的最大化。在通常情况下，衡量获利的指标有两种，一是净利润指标，二是净现金流量指标，国际上通用的指标是净现金流量指标，因为该指标能够更好地反映现金流入和流出。

确定目标函数有两种思路，具体如下。

第一种思路：由于油田企业生产的连续性，假设当年的油气产量来源于当年的勘探投资和开发投资，然后建立目标函数：

$$\max Z=\sum_{i=1}^{n}(P_iQ_i-\mathrm{IK}_i-\mathrm{IF}_i-C_i)\div(1+r)^i$$

式中，Z 为目标函数净现值；n 为规划总年度；P_i 为第 i 年油气价格；Q_i 为第 i 年油气产量；IK_i 为第 i 年勘探投资；IF_i 为第 i 年开发投资；C_i 为第 i 年生产成本；r 为折现率；i 为第 i 年。但实际上，油气产量是历年累计勘探开发投资的结果，完全看成一年的勘探开发投资不太合理，因为油田企业年新增可采储量、产量及年新增产能并不具有内在的一致性。

第二种思路：假设当年勘探投资增加的可采储量由当年开发投资建设产能，在 n 年内采出，计算 n 年净现金流量的现值之和，使净现金流量之和最大的勘探开发投资即是达到优化的勘探开发投资，本书采用该思路。目标函数为

$$\max Z=\sum_{i=1}^{n}[Q_i(P_i\rho-C_i-T_i)/(1+r)^i]-\mathrm{IK}-\mathrm{IF}$$

式中，ρ 为原油商品率；T_i 为第 i 年吨油税费。

二、约束条件

1.勘探投资与开发投资约束

$$\mathrm{IK}+\mathrm{IF}\leqslant I$$

式中，I 为勘探开发投资总额。

2.勘探投资约束

$$\mathrm{IK}\geqslant R\mathrm{IR}$$

式中，R 为年度新增储量，IR 为吨储量投资。

3.开发投资约束

$$\mathrm{IF}\geqslant MQ$$

式中，Q 为原油产量；M 为单位产能建设投资。

4.储量接替率约束

储量接替率的确定要考虑油田勘探开发阶段、储量品质、递减率及含水率等因素，根据油田实际确定理想的可使油田稳产、增产的储量接替率，注意储量接替率大于 1 不是使油田稳产的充分必要条件，仅仅是充分条件。

$$\phi\leqslant\frac{RE_{\mathrm{R}}}{nQ}$$

式中，ϕ 为合理的储量接替率；E_{R} 为采收率。

5.采油速度约束

$$n=\frac{1}{V}$$

式中，V 为采油速度。

这里的原油产量是当年开发投资新建产能生产的产量。

三、油气勘探开发投资优化模型

目标函数：

$$\max Z=\sum_{i=1}^{n}Q\,(P_i\rho-T_i-C_i)(1+r)^i-\mathrm{IK}-\mathrm{IF}$$

约束条件：

$$\begin{cases} \text{IK+IF} \leqslant I \\ \text{IK} \geqslant R\text{IR} \\ \text{IF} \geqslant MQ \\ \phi \leqslant \dfrac{RE_R}{nQ} \\ n \geqslant \dfrac{1}{V} \end{cases}$$

四、重要参数测算

（一）吨储量投资测算

吨储量投资是新增一吨探明储量所需要的勘探投资，油田企业统计的口径是以当年勘探投资除以当年新增探明储量，但这种口径与油气勘探生产的特点不相吻合。分析如下：油气勘探是一个连续的生产过程，每年的勘探投资都是一部分用于效益勘探，即发现、提交探明储量，另一部分用于风险勘探，用于发现控制、预测储量、圈闭资源量及寻找有利勘探目标，作为勘探未来发展的认识储备。因此，当年提交的探明储量并不是全由当年勘探投资获得的，而是一部分当年勘探投资和一部分以前年度勘探投资的结果，即勘探工作具有投入-产出关系的不完全对应性。基于此，可采用另一种测算吨储量投资的方法：由油气勘探生产过程可知，累计探明储量是累计勘探投资的结果，因此，可以建立累计探明储量与累计勘探投资的模型，常见的模型有龚帕兹曲线型和指数曲线型两类，由于油气储量增长规律随石油地质条件、勘探技术、勘探投入及勘探地质认识程度的不同而不同，不同的油田企业（圈闭）有不同的规律。因此，可以根据油田历年资料拟合累计探明储量和累计勘探投资，从而确定模型。拟合出累计探明储量与累计勘探投资的关系后，对累计探明储量求一阶导数，即为吨储量勘探投资。

以上是计算吨储量投资的一般思路，具体到特定油田或圈闭，如果有足够的历史资料可借鉴，可以将特定油田（圈闭）历年的数据进行各种形式的拟合，找出勘探投资与探明储量之间的函数关系，即 $Y=f(X)$ ，然后求 X 对 Y 的导数，从而计算吨储量投资。

（二）单位产能建设投资

1.影响单位产能建设投资的因素

（1）油气藏类型。老油田随着勘探开发程度的加深，新建产能的区块多为低产、低渗透、稠油、复杂断块、裂缝油气藏等类型。油气藏类型不同，开发方式不同，地面工艺也不同，新建产能因而也存在差异；油气藏构造越复杂，勘探难度越大，开发难度越高，对勘探开发技术的要求越高，勘探开发投资越高；另外，油气藏埋深直接影响钻进井深，而随着井深的增加，米进尺成本也增加，因此，埋藏越深的油气藏，耗费的钻井成本就越高，单位产能建设投资也就越高。

（2）开发井类型。油气藏类型不同、地面情况不同，开发井的类型也不同，具体有水平井、水平分支井、定向井、直井等类型。井型不同，开发技术不同，钻井成本也不同，单位产能建设投资也不同。

（3）钻井成功率。钻井成功率的高低对开发井的投资有较大的影响，钻井成功率越高，开发井成本越低，所以要加强对地质的研究，合理利用未成功井（如用作注水井或其他辅助生产井），尽量提高钻井成功率，以降低单位产能建设投资。

（4）地面建设模式。地面建设投资是新建产能建设中的有机组成部分，油品物性不同，地面建设模式不同，最终单位产能建设投资也不同。

（5）单井产量及产能规模。由于规模效益的存在，单井产量越高，单位产能建设投资越高，同样，圈闭的产能规模越大，单位产能负担的地面建设投资也越低。

（6）价格因素。价格是指钻井、地面建设、配套设施相关的设备材料价格及人工成本价格。

2.单位产能建设投资测算

单位产能建设投资的测算可运用拟合回归法和平均值法。平均值法是根据过去若干年的资料计算该地区单位产能建设投资的平均值。拟合回归法是根据油田企业历年的单位产能建设投资情况进行拟合回归，根据拟合结果预测计划年度油田企业单位产能建设投资。

（三）合理储采比和储量接替率

合理的储采比是保证油田企业长期稳定发展的基础，但在油价较高的情况下，经营者偏向保持较低的储采比，因为低储采比意味着可以将勘探开发投入早日转化为效益。低储采比是在一定储量规模下的产量最大化，这一点与传统观念中的追求高储采比的概念有很大不同。在合理“开发方式、开发层系组合、井网密度、生产压差、开发速度”条件下，不考虑延长稳产时间的，追求尽可能低的储采比，使有限的储量资源在尽可能短的时间内实现其货币价值，这个“尽可能低的储采比”就是合理储采比。

从技术经济平衡的角度，对于特定的油气藏地质条件，存在一个合理的储采比下限值，如果储采比高于该值，意味着原油产量还有进一步上升的可能性，储采比等于该值时，产量变化形势将取决于储采平衡状况，如果阶段内储量接替率大于1，则产量可能上升，反之，产量可能下降。

对于一个具体油区，合理的储采比是一个区间，在最大经济效益储采比和经济有效储采比之间。最大经济效益储采比就是在现有经济技术条件下，取得最大经济效益的储采比。实际油田开发除追求最大经济效益外，对油田产量也有需求。经济有效储采比就是在现有经济技术条件下，对应有经济效益产量的储采比。

影响合理储采比和储量接替率的因素众多，且各因素与合理储采比和储量接替率的关系不是确定的，因此可用德尔菲法确定合理的储采比和储量接替率。

1.影响合理储采比的因素

储采比与油田年产量、累计产量、可采储量的采出程度、剩余可采储量有关，除此之外，还与油田开发时间、产量变化率、储量增长率有关。

2.影响储量接替率的因素

有学者认为储量接替率是反映储量接替能力和油田稳产及可持续发展的重要指标，从储量接替率的定义看，储量接替率是年度增加可采储量与年产油量的比值，它只是反映年度增加可采储量和年产油量的一个相对大小的关系。如果年度增加可采储量大于年产油量，说明资源基础进一步增强，下一年度的年产油量是否能保持相对稳定或上产，不仅取决于新增加可采储量转化成年产油量的能力，还取决于上一年度年产油量递减率的大小，储量接替率可以作为年度配产的重要依据。油田储量接替和稳产及可持续发展的能力关键取决于油田剩余储采比处于什么水平。

（四）油气生产成本

许多学者对油气生产成本进行了讨论和定量分析，一般假设油气生产成本仅是产量的函数，也有学者假设生产成本是资源累计产出量和剩余可采储量的函数，Livernois 和 Uhler[45]、Chermak 和 Patrick[46]认为油气生产成本主要取决于油气产出量、剩余可采储量和生产时间，但通过对油田实际情况的分析及数据回归，笔者认为油气生产成本主要与采液量密切相关，因为占油气开采成本比例最大的直接动力费及油气处理费、运输费都是与采液量密切相关的，但具体应如何测算要视油田实际情况而定。

（五）吨油税费

吨油税费是一吨油负担的销售税金及附加，包括城市维护建设税和教育费附加、资源税及特别收益金。由于增值税是价外税，吨油税费不包括增值税，但由于城市维护建设税和教育费附加是以增值税为基础征收的，也需要测算增值税。

1.增值税

增值税是以商品（含应税劳务和应税服务）在流转过程中产生的增值额为征收对象的一种税，一般税率为 17%，计算公式为

$$当期应纳税额=当期销项税额-当期进项税额$$

$$当期销项税额=\frac{销售收入（含税）}{(1+税率)}\times 税率$$

在企业实际生产经营活动中，销项税额的计算较容易，企业都安装了税控系统，按发票金额计算销项税额即可。

当期进项税额为纳税人购进货物或者接受应税劳务和应税服务所支付或负担的增值税税额。

一般情况下，当期可抵扣的增值税进项税额为取得的增值税专用发票上标明的金额。计算公式为

当期进项税额=当期购进货物、应税劳务和应税服务×增值税税率

也可以根据税赋水平的统计资料，按增值税占销售收入的比例估算应缴增值税税额。

2.城市维护建设税和教育费附加

城市维护建设税和教育费附加以实际缴纳增值税额和消费税额为计税依据。纳税人所在地为市区的城市维护建设税税率为 7%，县镇为 5%，市区、县镇以外为 1%，教育费附加的税率为 3%。

3.资源税

资源税是以各种应税自然资源为课税对象、为了调节资源级差收入并体现国

有资源有偿使用而征收的一种税。油气资源税实行从价计征的方式，税率在5%～10%，不同的油田适用不同的税率。

4.石油特别收益金

石油特别收益金实行五级超额累进从价定率计征，按月计算、按季缴纳。起征点为65美元/桶，征收比率为20%～40%，根据原油价格计征，如表3-1所示。

表3-1　具体征收比率及速算扣除数

原油价格/（美元/桶）	征收比率/%	速算扣除数/（美元/桶）
65～70（含）	20	0
70～75（含）	25	0.25
75～80（含）	30	0.75
80～85（含）	35	1.5
85以上	40	2.5

具体测算吨油税费时，可分开测算。

第一步：测算增值税税率，增值税负率计算公式如下：

$$增值税率=\frac{油田企业年度应纳增值税额}{油田企业年度营业收入}\times 100\%$$

第二步：测算城市维护建设税和教育费附加。

城市维护建设税和教育费附加

=油气销售收入×增值税实际税率×（城市维护建设税税率+教育费附加征收率）

第三步：测算资源税和石油特别收益金。

不同油田的资源税的税率不同，因此资源税根据具体油田而定。特别收益金与油价密切相关，因此特别收益金根据预测油价而定。

第四步：计算吨油税费。

吨油税费=吨油销售收入×增值税实际税率×（城市维护建设税税率+教育费附加征收率）+吨油销售收入×资源税税率+吨油特别收益金

（六）合理采油速度

合理采油速度是在现在工艺条件下，充分发挥油井的采油能力，在不破坏性开采油气藏的前提下，使经济效果最佳。合理采油速度的确定需要考虑油气藏类型、油价水平和油田开发所处的阶段等因素。具体预测时，可根据油田近五年的采油速度变化趋势进行预测。

（七）采收率

采收率是指在一定的经济极限内，在现代工艺技术条件下，从油气藏中能采出的石油量占地质储量的比率，是衡量油田开发水平高低的一个重要指标。公式如下：

$$采收率 = \frac{可采储量}{探明储量} \times 100\%。$$

采收率的高低与许多因素有关，不但与储层岩性、物性、非均质性、流体性质及驱动类型等自然条件有关，而且也与开发油田时所采用的开发系统（即开发方案）有关。同时，石油的销售价格和地质储量计算准确程度对采收率也有很大影响。

第三节　油气勘探开发投资优化实例研究

选取一特定油田进行油气勘探开发投资合理规模研究，该油田经过几十年的勘探开发，积累了丰富的勘探开发经验，拥有足量的勘探开发数据资料，可用于勘探开发的规律性研究，但油田随着勘探开发程度的加深，勘探难度不断加大，新发现的油气藏规模逐渐减小，隐蔽型油气藏、低渗透油气藏比例增大，勘探效益逐渐下降，为保证油田的可持续发展，提高勘探投资效益，必须加强油气勘探开发投资决策研究。该油田年勘探开发投资合计在 170 亿元左右。

一、参数测算

（一）油价

原油价格是影响项目经济效益的重要因素，其值选取合理与否直接影响经济评价结果，应认真选取。

1.国际油价预测

由图 3-1 可以看出，WTI（West Texas Intermediate）原油价格和布伦特原油价格在 2016 年 8 月呈振荡上行的趋势，大多数分析师认为国际油价最坏的时期已经过去，摩根士丹利预计，自 2016 年第四季度起，原油市场将出现再平衡，油价可望逐步上扬，到 2018 年可达 85 美元。中国石油经济技术研究院钱兴坤认为：2017 年国际油价在基本情形下，将在 53～58 美元/桶波动，在高情形下，将达到 60～65 美元/桶。

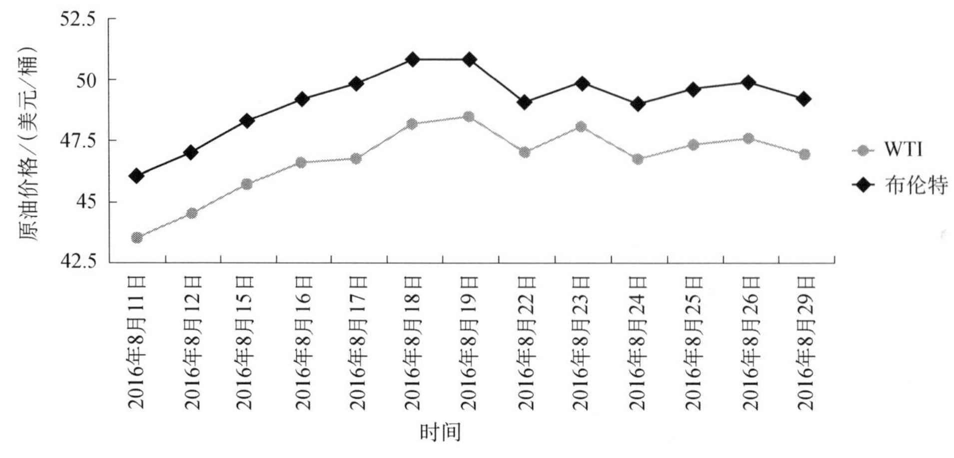

图 3-1　国际原油价格走势图

2.人民币对美元汇率预测

由图 3-2 可以看出，美元对人民币汇率在逐步走高，人民币对美元汇率在逐步降低，人民币贬值态势暂时不会缓解。国泰君安首席债券分析师徐寒飞称，短期看人民币汇率可能再度挑战 6.7 人民币/美元关口。

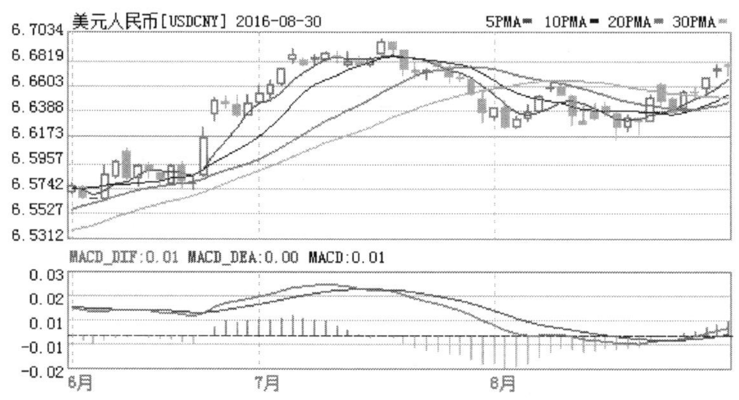

图 3-2　美元对人民币汇率走势

根据前述内容，预计未来几年油价可能达到 70 美元/桶。因此，选取油价 70 美元/桶，假定美元对人民币汇率为 6.7 人民币/美元。该油田的换算油价为

$$6.7\times70\times6.93=3250（元/吨）$$

（二）单位产能建设投资

从图 3-3 可以看出，该油田 2006～2013 年单位产能建设投资呈缓慢上涨趋势，

但在 2014 年和 2015 年的单位产能建设投资的上涨趋势出现不正常的增长，主要是开发区块条件变差，未来需采取措施，降低单位产能建设投资，因此，预测单位产能建设投资为 4000 元/吨。

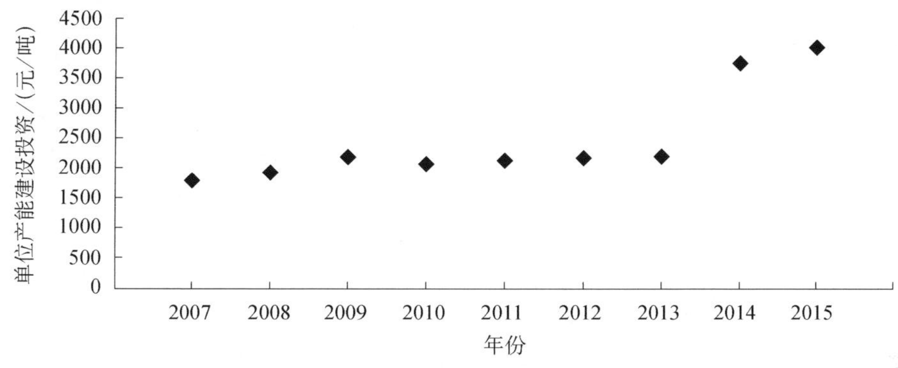

图 3-3　某油田近年单位产能建设投资趋势图

（三）吨储量投资

吨储量投资测算思路如下。

第一步：先对累计探井进尺与累计探明储量之间的关系进行统计分析，得到一个回归公式，然后对公式中的探井进尺进行求导，可得米探井进尺获探明储量。

第二步：测算预期年份的单位探井进尺成本，从而可得单位探明储量需探井投资。

吨储量探井投资=探井进尺单位成本/米探井进尺获探明储量

第三步：测算探井投资占勘探总投资的百分比，继而计算吨储量投资。

吨储量投资=吨储量探井投资/探井投资占勘探总投资百分比

1.累计探井进尺与累计探明储量之间关系的统计分析

从图 3-4 可以看出，累计探井进尺与累计探明储量之间基本呈直线关系，关系式为

$$Y = 285.58X - 7796.2$$

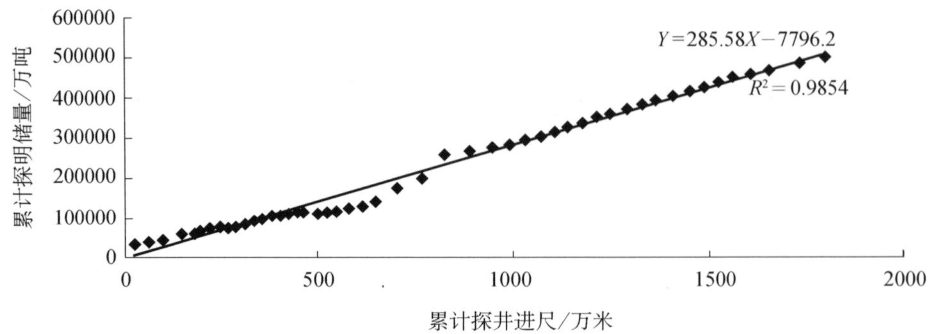

图 3-4　油田 1965 年以来累计探井进尺与累计探明储量趋势图

但从图 3-4 也可以看出，2011～2015 年的实际趋势有些平缓，由于近期数据更具有意义，做 2011～2015 年的数据图（图 3-5）。

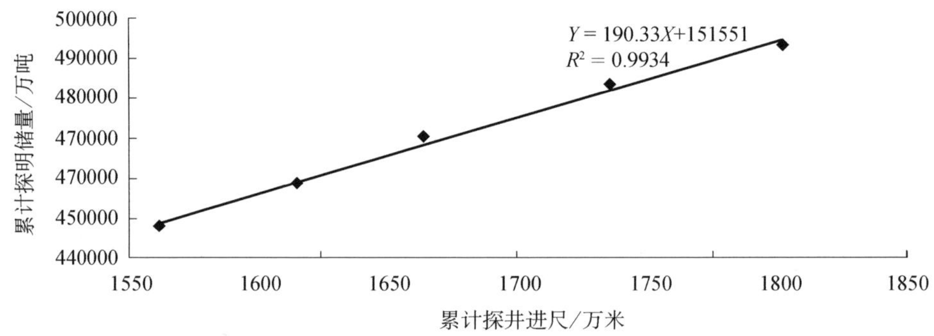

图 3-5　油田 2011～2015 年累计探井进尺与累计探明储量趋势图

累计探井进尺与累计探明储量之间基本呈直线关系，关系式为

$$Y = 190.33X + 151551$$

对 X（探井进尺）求偏导得 190.33，即米探井进尺可获探明储量为 190.33 吨。

2.计算吨储量探井投资

由图 3-6 可以看出，探井单位成本总体上呈上升趋势，因此，取 2013～2015 年的平均数来预测探井单位成本，取值为 3565.2 元/米。

$$\text{吨储量探井投资} = 3565.2/190.33 = 18.73\text{（元/吨）}$$

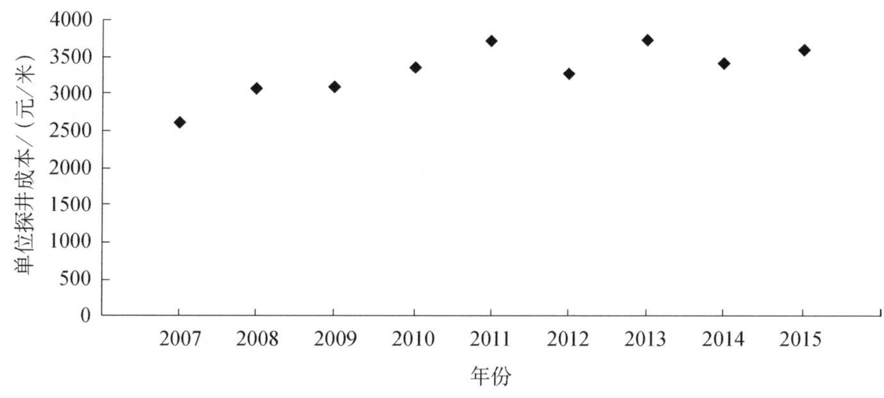

图 3-6　某油田单位探井成本趋势图

3.计算吨储量投资

由图 3-7 可以看出，在 2007～2013 年，探井投资占勘探总投资比例总体呈上升趋势，但在 2014 年这个比例突然下降了，2015 年又略有上升，取 2013～2015 年的平均值 69%作为 2016 年探井投资占勘探总投资百分比的值。

吨储量投资 = 18.73/0.69 = 27.14（元/吨）

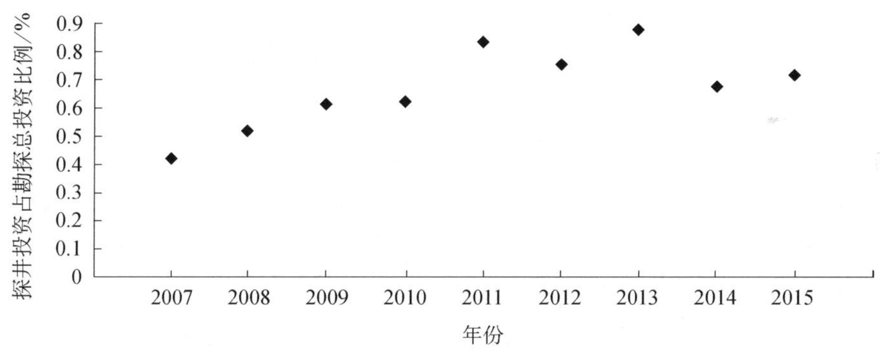

图 3-7　某油田探井投资占勘探总投资比例趋势图

（四）吨油税费

1. 测算增值税税负率

增值税税负率=年应纳增值税额/年主营业收入

该油田 2008～2015 年的实际增值税税负率见表 3-2。

表 3-2　某油田 2008～2015 年增值税税负率　（单位：%）

年份	2008	2009	2010	2011	2012	2013	2014	2015
增值税税负率	5.21	4.56	4.69	5.60	5.21	5.82	5.53	5.60

由表 3-2 可以看出，增值税与营业收入的比率较均衡，因此，以 2013～2015 年的平均值来预测，即预计增值税税负率 =（5.82%+5.53%+5.60%）/3 = 5.65%。

2.测算城市维护建设税及教育费附加

$$城市维护建设税及教育费附加税负率 = \frac{城市维护建设税 + 教育费附加}{营业收入}$$

$$= \frac{当期应纳增值税\times(7\%+3\%)}{营业收入} = 5.65\% \times (7\% + 3\%) = 0.565\%$$

3.测算资源税

油气资源税采取从价定率的办法计征，以应税产品的销售额乘以纳税人具体适用的比例税率计算，实施“级差调节”的原则。我国油气资源税税率为 5%～10%，各油田由于资源禀赋不同，适用不同的综合减征率和实际征收率。该油田的实际征收率为 4.56%。

4.测算吨油特别收益金

当油价为 70 美元/桶时，吨油特别收益金 =（70−65）×6.7×6.93×20%

= 46.43（元/吨）

5.测算吨油税费

吨油税费 = 城市维护建设税及教育费附加+资源税+石油特别收益金

= 3250×（0.565%+4.56%）+ 46.43=213（元/吨）

（五）单位油气成本

单位油气成本有单位油气操作成本和单位油气完全成本，操作成本加期间费用就是完全成本，研究主要是预测油田企业合理的勘探开发投资规模，因此采用完全成本口径。

由图 3-8 可知，该油田近几年油气完全成本呈上升趋势，将油气单位完全成本依时间序列进行回归，回归公式为

$$Y = 73.808X + 590.36,\ R^2 = 0.95$$

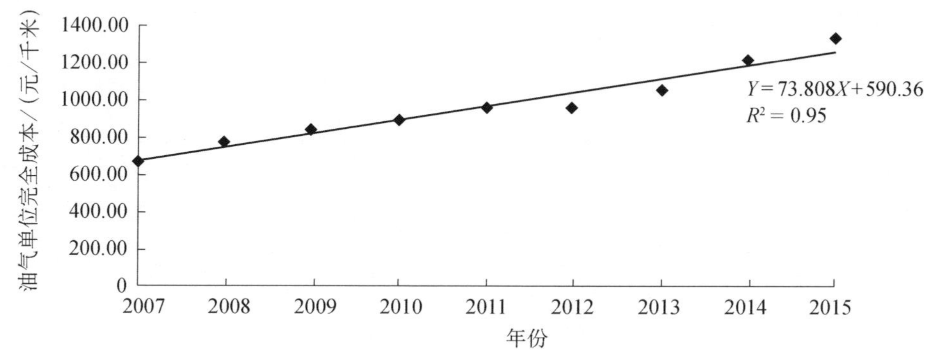

图 3-8 某油田 2007～2015 年单位完全成本趋势图

（六）原油商品率

由表 3-3 可知，该油田近几年原油商品率变化不大，因此取 2007～2015 年原油商品率的平均数 96.53%作为预测值。

表 3-3 某油田 2007～2015 年原油商品率 （单位：%）

年份	2007	2008	2009	2010	2011	2012	2013	2014	2015
原油商品率	96.23	97.97	96.34	96.58	96.32	96.49	96.61	96.72	96.54

（七）确定合理储采比和储量接替率

该油田 2007～2015 年实际储采比和储量接替率如表 3-4 所示。

表 3-4 某油田 2007～2015 年实际储采比和储量接替率

年份	2007	2008	2009	2010	2011	2012	2013	2014	2015
储采比	13.08	11.95	11.6	11.48	11.44	10.57	12.36	12.05	11.93
储量接替率	1.02	1.11	1	1.03	0.98	1.06	1.2	1.04	1.04

油田战略政策不变，根据油田实际发展及未来规划，预测储量接替率为 1.05。

（八）采油速度

该油田 2007～2015 年采油速度见表 3-5。

表 3-5 某油田 2007～2015 年采油速度 （单位：%）

年份	2007	2008	2009	2010	2011	2012	2013	2014	2015
采油速度	7.65	8.37	8.62	8.71	8.74	8.46	8.38	8.30	8.01

从表 3-5 可以看出，2007～2013 年采油速度比较平稳，2015 年采油速度下降，这与油价较低有关。由于油价还会有个调整期，预测采油速度为 8%。

（九）采收率

该油田2007～2015年采油速度见表3-6。

表3-6 某油田2007～2015年采油速度 （单位：%）

年份	2007	2008	2009	2010	2011	2012	2013	2014	2015
采收率/%	20	19.8	21	19	18.74	18.7	19.8	20	19

根据2007～2015年的采收率情况，考虑油价不振的因素，评价中所用采收率取19%。

二、模型的建立及求解

$$\max Z=\frac{\sum_{n=1}^{N}\{(3250-213)\times Q\times 96.53\%-Q\times[73.81\times(n+9)+590.36]\}}{(1+12\%)^{n}-\mathrm{IK}-\mathrm{IF}}$$

约束条件：

$$\begin{cases}\mathrm{IK}+\mathrm{IF}\leqslant 170\times 10^{4}\\ \mathrm{IK}\geqslant 27.14R\\ \mathrm{IF}\geqslant 4000Q\\ n=\dfrac{1}{8\%}\\ \dfrac{R\times 19\%}{nQ}\geqslant 1.05\\ Q,\mathrm{IK},\mathrm{IF}\geqslant 0\end{cases}$$

将该模型整理以后，

$$\max Z=\sum_{n=1}^{N}Q(1676.97-73.81n)/(1+12\%)^{n}-\mathrm{IK}-\mathrm{IF}$$

约束条件：

$$\begin{cases}\mathrm{IK}+\mathrm{IF}\leqslant 170\times 10^{4}\\ \mathrm{IK}\geqslant 27.14R\\ \mathrm{IF}\geqslant 4000Q\\ n=\dfrac{1}{8\%}\\ \dfrac{R\times 19\%}{nQ}\geqslant 1.05\\ Q,\mathrm{IK},\mathrm{IF}\geqslant 0\end{cases}$$

解：该油田达到合理规模的勘探投资为 373783.62 万元，开发投资为 1326216.38 万元，勘探开发投资比例为 28.18%，勘探开发投资效益为 593209 万元。

将得到的结果与该油田历年实际进行对比（表 3-7），预测的合理的勘探开发投资比例与实际基本相符，说明该油田历年的勘探开发投资配置较好，为油田企业的长期稳定发展奠定了基础。

表 3-7 该油田 2009～2015 年实际勘探开发投资比例

年份	2009	2010	2011	2012	2013	2014	2015
实际投资比例	0.2844	0.3594	0.3221	0.3310	0.2697	0.2680	0.2148

油气勘探开发投资规模及其比例直接影响油田企业的长期稳定发展，因此应确定合理的勘探开发投资规模及比例，即进行勘探开发投资优化研究。油田处于不同的勘探开发阶段，油田战略不同、油价不同，所需的勘探开发投资规模及其比例也不同。油气勘探开发投资优化的原则是保证油田企业的长期可持续发展，研究的思路是：首先，根据油田企业历年的勘探开发数据资料，总结勘探开发规律，预测吨储量投资和单位产能建设投资等参数；然后，估算当年勘探投资可能发现的可采储量；接着，估测将这些可采储量开采需开发投资、开采成本及相关税费；最后，确定勘探开采这些储量各年净现金流量的现值之和，构建勘探开发投资优化模型，测算油田企业合适的勘探、开发投资及勘探开发投资比例，为油田领导决策提供理论参考。

油气勘探项目经济评价方法研究

第四章

油气勘探项目经济评价就是分析油气勘探项目的效益和风险，综合权衡其效益和风险进行方案优选，选择效益高、风险低的项目。不同的油气勘探项目勘探任务不同、目标不同，因此考虑的效益和风险也不相同，选择的评价指标也不相同。如区域勘探项目主要考虑勘探投资、资源量及地质风险，而油气藏评价项目则要考虑经济效益、社会效益、环境效益及地质风险、工程风险和经济风险。需要说明的是，圈闭预探项目包括区带勘探和圈闭勘探，区带勘探项目与区域勘探项目近似，因此，区带勘探项目经济评价可参考区域勘探项目经济评价，圈闭勘探项目与油气藏评价项目相似，因此，圈闭勘探项目经济评价方法可参考油气藏评价项目经济评价。

第一节　油气勘探项目经济评价概述

一、油气勘探项目经济评价的必要性分析

1.油气勘探开发技术难度逐渐加大，技术要求越来越高

我国几大主要油田均已进入勘探开发的中后期，油气藏地质特性较复杂，低渗透油田较多，油气藏较小，开发难度增大，开发效益降低，因此需要找到效益较好的油气藏，这也就要求对勘探项目进行经济评价，提高勘探开发效益。

2.开展项目所需的投资额与风险渐渐增大

投资额增加使投资者在投资时更加谨慎，风险增加同样加大投资者的压力。经济评价能够使人们更客观地认识项目的可行性和风险程度，为决策者进行投资

决策提供参考。

3.企业间竞争愈演愈烈

随着人类文明的不断进步，同行业的竞争趋于白热化，石油行业也不例外。石油企业努力实现企业自身与国家的共同发展，各个石油企业努力实现技术突破，实现降低勘探开发成本、提高项目经济效益的目标。

4.环境保护费用增加

近年来，工业发展迅速，但粗放式的发展方式使环境为此付出了巨大代价，人们逐渐意识到问题的严重性，环保措施出台，企业的生产也同样要遵循一定的环境标准。低碳经济的提出使石油业环保意识进一步增加，环保费用也会进一步加大。费用的增加会影响到项目的可行性，面对增加的费用，只有进行经济评价才能客观地评价项目状况。

5.油价波动大

油价波动影响到油气勘探项目经济评价的准确性，从而关系到项目的可行性。2014 年国际油价出现雪崩式下跌，国际油价波动较大。近两年油价下跌，波动较大。在这种油价波动频繁的大背景下，油气勘探项目优选是重要的，更是必要的。

为适应不断变化的环境，只有走高效率、低成本的可持续发展道路。要达到高效率、低成本目标，就要提高油气勘探项目评价的准确性。这对勘探开发成本控制与提升探明经济可采储量有重要意义。

二、油气勘探项目经济评价的对象

对油气勘探项目进行经济评价，第一个要明确的就是评价对象，目前对此问题有两种观点。

（一）将勘探和开发整体作为评价对象

油气勘探的任务是为油气开发提供具有商业开采价值的探明储量，国外有成熟的储量交易市场，油气储量的价值在储量交易中得以实现，但我国政府已为三大石油公司分配了各自相对封闭的勘探区域，各石油公司在自己的油区内进行勘探开采，油气勘探投资效益通过开采出的油气出售后所获得的收益来体现。因此，油气勘探项目经济评价必须把勘探和开发有机地结合起来，同时也应把技术条件和经济条件、可开发的油气资源和资源的后备储量等有机地结合起来。即勘探项目经济评价的对象是勘探开发整体，该整体能反映项目的投资逐年投入和发现油气后逐年产出的特点。

（二）将独立的勘探阶段作为评价对象

我国石油公司实行的是条块管理模式，勘探与开发分别由勘探部门和开发部门管理，勘探项目由勘探部门立项，开发项目由开发部门立项。虽然有些大的项目是由勘探部门、开发部门及其他相关部门综合评价，但其实际的管理还是由专门的部门进行的，因此有些学者认为勘探项目经济评价应以勘探阶段为评价对象，不涉及开发。原因如下：其一，各石油企业是把勘探和开发项目分开立项并分别进行管理的，勘探项目作为独立的系统，应该以其本身的投入和产出为依据进行决策，若和开发项目进行一体化评价，既与投资体制相悖，也与勘探投资决策层的业务范围有矛盾；其二，经济评价是人们依据科学方法对未来的预测，预测的时间越长则预测的准确性越差，若将勘探开发一体化评价，势必会增加预测的误差，而预测的误差越大，决策质量也越低。

随着我国油田勘探开发管理一体化方式的深入，勘探部门提交探明储量时要由开发部门介入，以保证探明储量的可靠性，因此选择将勘探开发整体作为评价对象。

三、油气勘探项目经济评价的目的

油气勘探项目经济评价的任务是要回答勘探项目“是否要进行下去”及“进行下去是否有经济效益”。依据国内外油气勘探项目经济评价的现状，油气勘探项目经济评价分为两个层次：一是针对评价的基本单元（勘探目标和勘探项目），进行详细、客观、可靠的经济分析和风险分析，以判断该项目是否可行，从技术、经济角度看能否继续下去；二是选择最优方案。

四、油气勘探项目经济评价的原则

（一）勘探开发一体化原则

油田勘探与开发是一个生产过程中既相对独立又密不可分的两个生产环节。油气勘探开发一体化指的是在勘探发现油气藏、开展油气藏评价、编制一次井网开发方案、上报探明储量等整个过程中，开发部分参与进来，勘探、开发两大专业相互延伸，有机结合，以提高探明储量质量、提高勘探开发综合效益为目的的投资管理工作方式。这种勘探开发一体化的管理方式已在我国部分油田实行，并取得了良好效果，因此油气勘探项目经济评价是在现有的技术、经济及管理条件下，考虑油气勘探开发全过程的费用，依据预测的油价、财税政策等因素，测算油气勘探开发的经济效益过程。

（二）坚持实物量与价值量相结合，价值量为主的评价原则

油气勘探是向开发部门提交探明储量（或可采储量），因此探明储量的多少就反映了勘探的成果丰硕与否，由于油气藏埋深、储量品位的不同，项目所在地经济条件、基础设施不同，同样多的探明储量带来的经济效益相差很大，因此，单单实物量并不能真正反映项目经济效益好坏，需考虑现有技术条件，以开发后储量带来的经济效益（价值量）来衡量。因此，在评价过程中，实物量分析与价值量分析应相互结合，以价值量分析为主。

（三）经济评价、社会评价与环境评价相结合，以经济评价为主

从 1998 年起，国际石油公司勘探开发项目评价已从单一的经济分析，发展到经济、技术、环境和社会等多方面的评价，并提出资源、环境、经济、社会协调发展的战略评价思想，推广经济评价与风险评估相结合的综合评价方法。油田勘探项目经济评价要处理好局部与全局、主体与配套、近期与长期的关系，做好综合平衡。既要考虑经济效益，又要注重社会效益和环境效益，只有三者有机结合才能为项目的投资决策提供更可靠的依据。

（四）动态评价和静态评价相结合

油气勘探是对地质条件的不断认识过程，周期长、投资大，动态评价可以帮助投资者或决策者树立资金周转观念、合理利用建设资金。强调动态指标并不排斥静态指标，特别是区域勘探项目，对地下资源的认识还有限，应计算一些静态指标予以分析。

（五）遵循油气勘探开发自身的客观发展规律

油田勘探项目投资决策必须遵循油田开发自身的客观发展规律，严格按照油田开发的工作流程分项进行方案的设计。

五、油气勘探项目经济评价的影响因素

油气勘探项目经济评价的对象是油气勘探开发整体，考虑油气勘探投资效益必须把勘探和开发有机地结合起来，同时也应把技术条件和经济条件、可开发的油气资源和资源的后备储量等有机地结合起来。因此，影响油气勘探项目经济评价的因素较多，简述如下。

（一）自然地理环境

自然地理环境是指油气勘探项目所处区域的交通状况、地理位置、社会经济环境及气候条件等。勘探项目所处区域的气候条件和地理位置是硬环境，一般不易改变，社会经济环境和交通状况是软环境，可随着当地经济的发展而改变。油气资源的储藏地大多为山区、沙漠和海洋等自然环境、地质条件恶劣和经济条件落后的地区，这些地区勘探施工难度比较大，前期准备时间较长，基础设施费用也相对较高。如在经济发达的地区勘探开发要比在经济不发达的地区勘探开发的投资低，因为如果勘探开发区域的通信条件不好、交通条件不佳，油气投入商业开采后，就得花费大量的投资修建管道和其他基础设施，然后再将油气输送到经济发达地区，这样成本又要增加很多，如延边地区的勘探开发成本就比东部地区的勘探开发成本高很多。

（二）油气藏自然状况

油气藏自然状况包括油气藏埋深、油层厚度、储量规模和储量丰度，这些方面是衡量油气储量优劣的关键因素。例如，井深对钻井成本的影响是非常明显的，不同埋深的油气藏可以使钻井成本相差数倍。井深与钻井成本并不是直线关系，井深超过 1000 米钻井成本就会迅速增加，当井深超过 3000 米时，成本就会呈指数增长。

（三）原油价格

原油价格是影响油气勘探项目投资效益的主要因素，当油价上升时，油气勘探开发效益增加，各大石油公司会纷纷增加勘探和开发投资，以获取更多的储量用于开发，提高石油公司的经济效益。影响原油价格的因素众多，有油品性质、市场供需关系，也有特殊国家的油气政策等，在国际原油市场上，用 API（American Petroleum Institute）值度量油品性质，实行的是优质优价。

（四）国家、地方政府的相关财税政策

税费是企业的一项分配，交税越多，企业税后收益越低，经济效益越差，因

此国家财税政策直接关系着企业的负担和经济效益，是影响勘探效益的又一个因素。与石油企业勘探开发有关的税费有采矿权价款、采矿权使用费、资源税、增值税、城市维护建设税、教育费附加、企业所得税、房产税、土地使用税、印花税和石油特别收益金，除上述正式税费项目外，我国油气勘探开发还承担隐性税费。隐性税费是指具有税费特征但又未列入正式税种和税费项目而实际发生的支出，具体包括工农协调费、河道维护费、道路桥涵补偿、共建项目、综合治理费用、治安护卫费用、被盗油（气、水等物质）的直接损失和自然保护区费用。上述税费的逐一累加使我国油田企业的税费负担比较沉重，油气勘探投资效益受到不利影响。与此相比，在国外，考虑到油气勘探风险大的特点，政府一般采取减免矿区使用费等其他税负，从而有效提高了石油公司的油气勘探投资效益。

（五）其他因素

除上述因素外，其他因素也影响油气勘探项目投资效益。如开采速度，当油气勘探获得探明储量后，如果提高采油速度，可以将油尽快开采出来，则可以获得较好的资金时间价值，提高油气勘探投资效益，但这种情况可能造成破坏性开采，降低采收率，造成油气资源浪费；相反，如果采取一个合适的采油速度，可能使油气储量尽可能被开采出来，提高最终采收率，但开采速度慢，由于资金时间价值的存在，开采效益可能会较差，因此，需综合考虑。再如科技因素，由于科技进步，可以采用新技术、新方法进行勘探，降低油气勘探的风险性，降低勘探成本，提高油气勘探开发效果。

六、油气勘探项目经济评价方法选取的原则

评价方法本身只是完成评价任务的工具，因此评价方法并不一定需选取最新的理论方法，但必须与评价人员的专业知识和工作经验密切结合起来，才能取得合理的结果。因此，选择评价方法应掌握以下原则。

（1）尽量选用已成熟的方法。成熟的方法操作性强，便于评价人员完成任务，但可以结合具体评价项目进行一定的调整。

（2）能够完成评价任务，所需数据是可得的，所需人员及调查时间具有一定的经济性。

（3）所获得的结果是客观的，即由不同的评价人员运用同一方法所得的结果是在容许误差范围内的。

第二节 区域勘探项目经济评价研究

区域勘探阶段是一个比较困难的勘探阶段。因为这一阶段的勘探对象具有可变因素多、风险性大的特点，主要根据具体勘探项目的性质和勘探程度，以及石油地质条件和资源储量情况，提出该项目的地质任务和各级资源储量工作目标。

区域勘探项目的主要任务是落实盆地或凹陷基本的石油地质条件，计算盆地（凹陷）油气远景资源量；目标是优选出可供预探的有利含油气区带，计算区带资源量[47]。

一、区域勘探项目经济评价方法

区域勘探项目研究的重点是影响油气藏形成和分布的区域地质与石油地质条件，主要是完成一定的地质任务，对油气资源量的预测误差较大，其成果难以用价值计量，无法用投入产出对其进行全面经济评价。因此，区域勘探项目经济评价采用费用概算法。这种方法的关键是区域勘探项目的投资估算与资源量预测。

二、区域勘探项目投资估算

区域勘探项目的方案指在区域勘探总体规划及各规划阶段中的各类不同实施方案。区域勘探阶段各类技术方案都要作投资估算，以便作方案的比较选择和最后的资金筹措，在进行投资估算时主要以技术方案确定的实物工作量和定额为基础，同时考虑不同地区、不同地质类型的“难度系数”进行测算。这种方法简称“概算定额法”，它既是编制总体规划及各类技术方案投资的依据，也是审查投资估算额的标准。

勘探投资＝勘探工作量×单位工作量成本定额×难度系数

$$I=\sum_{i=1}^{n}Q_iC_i\rho$$

式中，I 为区域勘探总投资；Q_i 为第 i 种勘探技术工作量；C_i 为第 i 种勘探技术成本定额；ρ 为难度系数。

三、区域勘探项目经济评价指标选取

对区域勘探项目进行评价，主要考虑投资、资源量及地质风险三个方面。

根据区域勘探阶段的特点，区域勘探评价指标有以下几个。

（一）油气资源量

由于区域勘探项目的分布范围和勘探阶段跨度较大，具体项目的油气资源潜力分析，应根据项目所处勘探阶段和取得的资料情况，选择下列内容进行论述。

1.油气资源总量

计算油气资源总量的方法很多，对于勘探程度较低的探区，一般采用沉积岩面积法、沉积岩体积法、沉积速度法和排聚系统法等类比预测法。对于资料较多的项目，采用成因法计算资源总量。

2.重点区带资源量

区带资源量估算是区带评价的核心。区带资源量是区带评价勘探前景的主要依据，也是区带地质评价的主要落脚点。重点区带资源潜力预测的目的就是计算区带油气资源总量，估算区带中油气藏的数目和空间分布，建立区带的油气藏规模序列，以满足勘探经济评价需要。区带资源量的估算方法有很多，比较常用的有成因预测法和统计预测法。

3.圈闭资源量

圈闭资源量的估算是圈闭评价的重要内容，其主要目的是确定圈闭资源的规模，为圈闭的进一步勘探决策提供依据。

（二）单位资源量投资

该阶段的成本主要有高精度非常规物化探费用、地面地质调查费用、地震勘探费用和区域探井费用等。用该阶段的勘探投资除以油气资源总量就得出单位资源量投资这一指标。

$$\text{单位资源量投资}=\frac{\text{区域勘探项目勘探投资}}{\text{油气资源总量}}$$

（三）资源丰度

资源丰度等于资源总量除以区块面积。油田内单位面积的资源量一般以万吨/千米^{2}表示。资源量评价仅以资源量规模进行评价还远不够。因规模大的油田中有相当大的一部分是薄层、低渗透层，单位面积储量变化大，对开发效果影响极大，故在资源量评价中，还应以资源丰度作为评价指标。

四、区域勘探项目地质风险

从勘探总体上看，区域勘探是勘探工作不可逾越的一个阶段，不管最后能否发现油气田，区域勘探工作总是要进行的，区域勘探集中承担着油气勘探的地质风险。地质风险是指找不到油气，或者找不到具有商业价值的油气田的可能性。风险分析的目的在于认识风险、减少风险，而风险是不可避免的。

在区域勘探阶段，经常采用主观概率法分析油气田存在的可能性。即在充分掌握现有资料的基础上，根据过去的经验或类似地区的资料，运用判断力做出估计。要估计一个盆地存在油气的概率，先要确定控制油气存在的储集条件、烃源条件、盖层条件、运移条件、配套条件和保存条件，油气存在必须是这些因素都有利情况的结果，油气存在的概率就是这些因素同时独立存在的概率的连乘。圈闭含油气概率与地质风险系数互为 1 的补数：

$$P=\prod_{i=1}^{6}p_i$$

式中，P 为圈闭含油气概率；p_i 为单项地质条件概率，包括储集条件、烃源条件、盖层条件、运移条件、配套条件和保存条件。

单项地质条件发生的概率取决于其子项地质因素的好坏。根据地质模型的分析，判断各子项地质因素对其母项地质条件的影响的相对大小，分别赋予一定的权值，以突出主要地质因素。单项地质条件的概率 p_i 可以用各子项地质因素系数的加权平均值来表示[1]，即

$$p_i=\sum_{j=1}^{n_i}q_{ij}p_{ij}$$

式中，n_i 为第 i 项地质条件中子项地质因素的个数；p_{ij} 为各子项地质因素评价系数；q_{ij} 为各子项地质因素的权值。则区域勘探项目含油气概率为

$$P=\prod_{i=1}^{6}\sum_{j=1}^{n_i}q_{ij}p_{ij}$$

五、区域勘探项目综合评价

在区域勘探项目较多，而勘探资金有限的情况下，就需对项目按一定的标准排队，优选项目。由于衡量区域勘探项目经济效益的指标具有非唯一性，需对其

进行综合评价，评价方法如下。

（一）规范化处理

由于各个指标的量度标准不同，不能直接比较，首先需对指标进行规范化处理。

1.含油气概率系数

将项目含油气概率规范化为含油气概率系数：

$$\alpha_i = \frac{P_i - P_{\min}}{P_{\max} - P_{\min}}$$

式中，α_i 为第 i 个项目的含油气概率系数；P_i 为第 i 个项目的含油气概率；$P_{\min}$ 为所有项目中最小含油气概率；$P_{\max}$ 为所有项目中最大含油气概率。

2.油气资源量系数

将项目油气资源量系数规范化为油气资源量系数：

$$\beta_i = \frac{Q_i - Q_{\min}}{Q_{\max} - Q_{\min}}$$

式中，β_i 为第 i 个项目的油气资源量系数；Q_i 为第 i 个项目的油气资源量；$Q_{\min}$ 为所有项目中最小油气资源量；$Q_{\max}$ 为所有项目中最大油气资源量。

3.单位资源量投资系数

将单位资源量投资规范化为单位资源量投资系数。由于单位资源量投资是逆指标，规范化的方法与前两个指标有差异：

$$\gamma_i = \frac{I_{\max} - I_i}{I_{\max} - I_{\min}}$$

式中，γ_i 为第 i 个项目的单位资源量投资系数；I_i 为第 i 个项目的单位资源量；$I_{\min}$ 为所有项目中最小单位资源量；$I_{\max}$ 为所有项目中最大单位资源量。

4.资源丰度系数

将资源丰度规范化为资源丰度系数：

$$\rho_i = \frac{\mu_i - \mu_{\min}}{\mu_{\max} - \mu_{\min}}$$

式中，ρ_i 为第 i 个项目的资源丰度系数；μ_i 为第 i 个项目的资源丰度；$\mu_{\min}$ 为所有项目中最小资源丰度；$\mu_{\max}$ 为所有项目中最大资源丰度。

（二）权重确定

考虑各指标的重要程度，确定权重。确定权重的方法较多，如常用的层次分析法、熵权法、变异系数法等，但由于只有四个指标，根据指标的重要程度，直接用专家打分法确定即可。

权重系数的确定主要取决于决策者的主观判断。不同决策者由于其出发点和立足点不同，会认为各指标的重要程度不同。可能的情况有三种：第一种，在勘探早期，以突破圈闭的出油关为根本目的，因而对成藏地质条件的风险性更加注重，而对圈闭含油气规模和勘探效益关注度会较低，因此会加大含油气概率的权重，从而优选地质把握性高的圈闭，称为保守型决策。第二种，在区域勘探后期，以获得勘探的大突破为根本目的，期望尽快拿下大油田，决策者所注重的是油气资源量，在评价过程中，会加大资源量的权重，属于一种冒险决策。第三种，与以上两种不同，在圈闭优选过程中，既要求圈闭成藏可能性大，又要求圈闭勘探效益高，资源量大，属于保险型决策。

（三）综合评价

将四个指标值规范化处理后与权重系数加权平均就是综合评价系数。

$$\delta_i = W_1\alpha_i + W_2\beta_i + W_3\gamma_i + W_4\rho_i$$

式中，δ_i 为第 i 个项目的综合评价系数；α_i 为第 i 个项目的含油气概率系数；β_i 为第 i 个项目的油气资源量系数；γ_i 为第 i 个项目的单位资源量投资系数；ρ_i 为第 i 个项目的资源丰度系数；W_1、W_2、W_3、W_4 分别为项目含油气概率系数、油气资源量系数、单位资源量投资系数和资源丰度系数的权重，且有 $W_1+W_2+W_3+W_4=1$。

第三节　油气藏评价项目效益评价方法研究

一、油气藏评价项目任务与目标

油气藏评价勘探主要通过二维、三维地震和评价井钻探，进一步落实油气藏构造、储层岩性、物性和油气分布等三维空间形态，评价勘探阶段要解决以下地质问题。

（1）各主要目的层的构造形态、断裂在平面上的分布和纵向上的所切割的层位、局部高点和断块分布。

（2）各含油层段的储层分布、成岩作用、孔隙结构、储层物性及含油饱和度等。

（3）不同构造部位和不同层系的油、气、水在地面、地下条件下的物理、化学性质及其变化情况。

（4）地层的温度、压力及含油气层段的压力系统变化情况。

（5）油气藏类型和驱动类型；不同含油气层段油、气、水纵向上的组合关系、产状情况，油气层在平面上的分布情况，含油气面积和有效厚度。

（6）探井油气产能，试采期间产量、压力变化情况。

评价勘探的目标有两个：一是提交探明储量；二是提交开发可行性研究报告或油气田开发方案[48]。

二、油气藏评价项目效益评价方法及参数测算

（一）油气藏评价项目效益评价方法

油气藏评价项目效益评价包括经济效益评价、社会效益评价与环境效益评价，以经济效益评价为核心。

油气藏评价项目经济效益评价在方法上没有创新，也没有选用现在较热门的实物期权法，而是选用了已经较成熟的方法——贴现现金流量法，原因有二：①评价方法仅是实现评价目的的工具，已有成熟的方法最好选择成熟的方法，评价结果与参数选择关系密切；②实物期权是金融期权在项目投资中的应用，应用实物期权法对油气勘探项目进行经济评价还存在一些障碍，特别是波动性参数很难取得。而且，如果某油气藏评价项目在现有技术条件下开采没有经济效益，以后开采才可能有收益，那么该项目暂时不在投资组合考虑范围，等条件成熟时再考虑，因此实物期权中的放弃期权和延迟期权等期权在此不做考虑，即不考虑期权价值。

油气藏评价项目经济效益评价步骤：首先，选择评价指标体系，指标体系包括反映经济效益的指标，也包括反映社会效益和环境效益的指标。然后，对各指标赋权重。由于评价标准（指标）的非唯一性，需采用多属性决策方法对指标赋权重，对评价结果重要的指标，各评价对象间差异大的指标权重较高。最后，采用多属性决策方法对评价对象进行综合评价，进行项目或方案优选。油气藏评价项目效益评价思路具体见图 4-1。

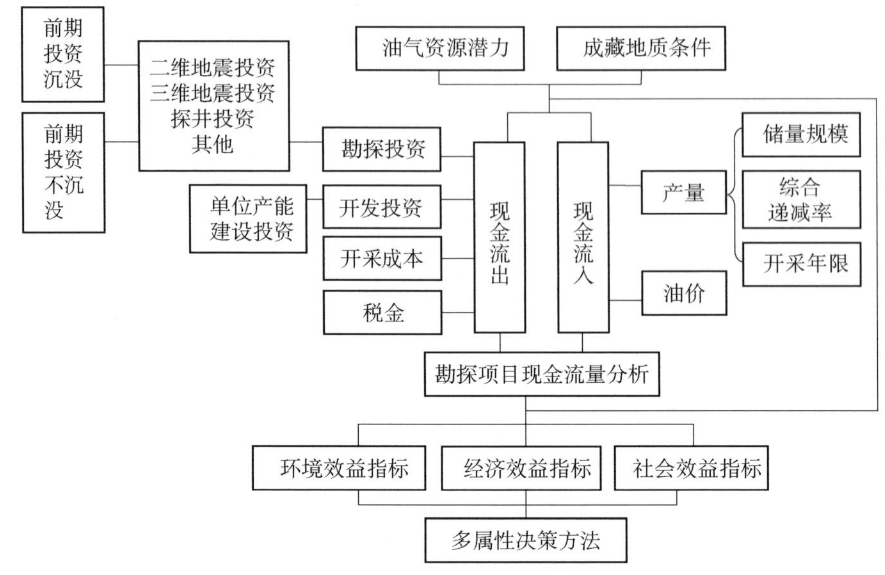

图 4-1　油气藏评价项目效益评价具体思路

（二）油气藏评价项目效益评价参数测算方法研究

1.前期投资是否沉没

油气藏评价项目投资期长，在项目期内，其面临的内外部环境及人们对内外部环境的预期会发生变化，因此对项目决策要进行年检，当情况发生变化时可能会调整投资决策，此时决策者对前期投资是什么态度就至关重要了。因为决策是面向未来的，只有未来可能发生的事项能影响决策，已发生的投资应该沉没，因此在进行油气藏评价项目投资决策时采取的对策是前期投资沉没。但前期投资毕竟是项目实际发生的，在进行项目后评价时需再考虑项目全部投资，以评价整个项目的绩效，总结经验教训，为未来的决策提供参考。

2.勘探投资估测说明

勘探投资主要包括野外地质调查投资、非地震物化探投资、地震物化探投资、钻探井投资、试油投资、录井投资、研究费用投资、基础设施投资等。在这些投资项目中，二维地震投资、三维地震投资和探井投资占了主要部分，而且在勘探投资计划工作量中，这三方面的工作量最为明确，因此勘探投资估算时，可先计算方案的二维地震投资、三维地震投资和钻井投资之和，然后根据近几年油田地震投资和探井投资之和占勘探总投资的比例（勘探总投资换算系数）推测项目勘探总投资。

勘探总投资换算系数＝勘探总投资/探井投资与地震投资之和

测算时一般采用公式：

$$I_i=（S_iHY_i+L_{i2}Y_{i2}+L_{i3}Y_{i3}）C$$

式中，I_i为项目第i年勘探投资；S_i为项目第i年钻探井总数；H为探井平均井深；Y_i为项目第i年探井每米进尺成本；L_{i2}为项目第i年二维地震测线总长；Y_{i2}为项目第i年二维地震单位成本；L_{i3}为项目第i年三维地震总面积；Y_{i3}为项目第i年三维地震单位成本；C为勘探总投资换算系数。

3.勘探工作量单位成本估测

勘探工作量单位成本估测包括二维地震单位成本估测、三维地震单位成本估测、探井单位成本估测，下面以估测2016年二维地震单位成本为例说明。

首先，收集同一油田（油气藏）2007～2015年的二维地震单位成本；然后，剔除其中异常的数据，将余下的数据进行趋势分析；最后，根据趋势预测2016年二维地震单位成本。

4.开发投资估测

开发投资包括开发井、地面建设、非安装设备和辅助工程、长输管线等投资，开发井投资和地面建设工程投资占主要部分。开发投资的估测有以下两种方法。

第一，在模拟开发方案的基础上，确定开发井数（只包括新钻开发井数，探井转开发井数在勘探投资估测中已包括），然后根据油气藏埋深，估计开发井平均井深，再根据近几年同样埋深的开发井单位进尺成本的变化规律，测算项目开发井单位进尺成本，计算开发井投资。

开发井投资＝新钻开发井进尺×开发井单位进尺成本

地面建设工程投资采用扩大指数法进行估算，即

地面建设工程投资＝单位产能地面建设工程投资×设计产能

第二，采用扩大指数法估算。

开发投资＝单位产能建设所需要的开发建设投资×项目建设最高产能

5.油气生产成本估测

成本费用是开发过程中发生的成本和费用总和，在油田财务系统中，油气生产成本有两个口径——油气完全成本和油气现金操作成本，它们之间的关系是：油气完全成本＝油气现金操作成本+油气资产折旧（折耗）+期间费用，在油气藏评价项目经济评价中所用的油气生产成本是指油气现金操作成本和期间费用，关键是油气现金操作成本的估测。

在采油厂，油气成本是按自然站、中心站、区块、作业区和采油厂分级归集的。在自然站和中心站归集井口材料费、动力费、燃料费、修理费、工程费、特车费等，其中井口材料费、修理费与开井井口天数有关，也可以说与提液量有关，因开井井口天数越多，提液量越多；区块归集一般驱油物注入费；作业区归集一般材料费、燃料费、人工成本、一般修理费、厂矿管理费等；在采油厂归集燃料费、一般井下作业费、一般测井测试费、修理费、一般油气处理费等。最终各级别的成本依据不同的因素进行分配计入单井成本。在对具体勘探项目进行经济效益评价时，油气现金操作成本的预测可以较详细，根据各采油厂的实际数据，找出各项成本的直接动因，根据动因的变化情况进行预测，预测的结果相对可靠。但如果需要的是整个油田的平均的油气现金操作成本，则没必要如此，可根据含水率与油气现金操作成本计算单位提液量现金操作成本，然后预测单位采液量现金操作成本，考虑预计含水率后计算单位油气现金操作成本[49]。

6.其他参数

其他参数（如吨油税费、油价等）的测算见第三章相关内容。

三、油气藏评价项目效益评价指标体系建立

科学地确定和计算油气藏评价项目效益评价指标，对提高油气勘探投资水平、防止投资沉没、优化投资结构、提高投资经济效益具有重要意义。《方法与参数》给出了石油工业建设项目经济评价指标体系。该指标体系有价值量指标和实物量指标两类，价值量指标包括净现值、内部收益率、投资回收期等，实物量指标包括吨储量投资、探井成功率、每口探井探明可采储量、地震和探井成本。该指标体系基本满足了市场经济发展对建设项目经济评价的需要。它既为项目经济效益的衡量提供了尺度，又为项目方案的优选提供了依据。然而，随着市场经济的发展，现行的石油工业建设项目经济评价指标体系尚存在不足之处，有待进一步斟酌和完善。

（一）目前油气藏评价项目效益评价指标体系的不足

1.人为割裂了勘探开发有机整体

勘探和开发是石油工业上游领域的不可分割的整体，勘探是为开发做准备，为开发提供可开采的经济储量，开发是勘探效益的延续和具体体现，因此油气藏评价项目效益评价应考虑勘探开发整体，但现在有些方法人为地割裂了这种整体

性，使勘探阶段提交的探明储量没有开采价值，无法开发而成为表外储量，几年过后再核销掉，造成了勘探投资的浪费。

2.缺乏社会效益和环境效益评价指标

长期以来，我国油气勘探项目投资效益评价指标体系一直沿用财务经济评价指标，社会效益和环境效益评价指标因其潜在性和非直观性往往被忽视。一般来说，油气勘探项目具有投资大、周期长、风险大、涉及面广等特点，项目的实施不仅影响与其相关的各部门，对经济、社会和人类自身的发展也有着重要的影响。为保证项目与当地所处社会环境的相互协调、降低项目的社会风险、提高项目的效益水平和可持续性，为适应和谐社会发展，有必要对油气勘探项目进行社会效益和环境效益评价。

3.缺乏综合评价方法

现行的油气藏评价项目效益评价指标从不同的角度反映投资效果的好坏，不同指标得出的结论很可能不一致，具体而言，可能出现以下两种情况：对同一方案而言，可能几个指标反映该方案可行，但另几个指标却反映该方案不可行；对多个方案优选时，可能几项指标反映 A 方案优于 B 方案，但另几个指标又反映 B 方案优于 A 方案。应研究如何对多指标（属性）进行综合评价，即多属性决策问题，多属性决策研究已经不少，但油气藏评价项目效益评价对这方面的研究却很少，还没有一个统一的看法。

（二）油气藏评价项目效益评价指标体系的构建原则

评价指标体系是对被评价对象进行全面考察的工具，它应当在明确的评价目标的指导下，尽可能多地刻画被评价对象的各个方面。在选定评价指标，特别是核心评价指标时，应遵循以下基本原则。

1.系统性原则

构建油气藏评价项目效益评价指标体系是一项系统工程，指标体系应包括经济效益评价指标、社会效益评价指标和环境效益评价指标，用不同的指标从不同的方面反映项目的效益，所选取的指标应相对独立，每个指标都应能够比较独立地说明某一方面的问题，也就是说各个指标之间的相关性较弱。具体指标可包括定量指标和定性指标、价值量指标和实物量指标，形成一个完善的评价系统，全面衡量项目的整体效益。

2.科学性原则

评价指标体系应充分反映项目经济评价的内在机制。每一项指标的实际意义必须明确，应当符合勘探、开发投资的特点及其经济评价要求；测算方法要标准，统计计算方法要规范，指标能反映项目目标的实现程度，保证评价结果的真实性和客观性。

3.可操作性原则

在设计油气藏评价项目效益评价指标体系时，必须建立在科学的基础上，客观真实地反映油气藏评价项目的投资效益，但也要注意，指标的设计不仅要理论完善，实践中也要易于操作，数据可以方便地获得。在实践中，基于一些客观原因，如财务保密及技术保密相关的规章制度，或者油田本身现有的采集系统无法提供，有些数据无法获取，或者获取这些数据需要花费较大的成本，如基于作业中心的成本数据更容易确定成本动因，预测效果更准确。但现在油田系统的财务数据却不是按作业中心归集，而是按成本要素项目归集，此时就不能强求用基于作业的成本预测，而是按相对来说更容易获取的数据来预测。在设计指标体系时，必须遵循可操作性原则。

再如，尽管反映油气藏评价项目的社会效益和环境效益涉及许多定性的指标，但在设计指标时，所选取的指标应该是能够量化或者是能够予以定性分析的，对于过于模糊难以分析的指标应不予纳入。

4.勘探与开发一体化的原则

油气储量作为资源性资产，是油气勘探的直接成果，但不是石油工业的最终成果，油气储量价值最终是通过开发来实现的，因此应从勘探开发的最终收益出发，设计指标体系。

5.定量指标与定性指标相结合原则

定性指标是采取经验判断与观察的方法给出的，其结果带有一定的主观性和模糊性，具有不确定性。定量指标是采用量化的方法，通过计算得出，数据具体，但其结果往往带有局限性，评价不容易深入。将定性指标与定量指标相结合，可以弥补各自的不足，达到较好的评价效果。

6.价值量指标与实物量指标相结合原则

油气勘探受勘探条件和程度的限制，对地质资源的认识有一个过程，反映项目社会效益和环境效益的某些因素不能直接进行数量分析，对此应进行实事求是、准确的定性描述。同时，油气勘探的目的是为石油开发提供后备资源，勘探阶段不同，目的不同，所获成果也不同。对此既要计算经济效益指标，也要计算所获储量的数量、质量等实物量指标。从评价投资效益角度看，应以定量分析和价值量评价为主。

7.与油气勘探项目匹配原则

油气勘探项目具有特殊性，因此，油气勘探项目经济评价指标与一般项目经济评价指标既有相同点，如净现值、内部收益率等指标，也有不同点，如针对油气勘探项目特殊性，需增加吨储量投资、米进尺获储量等指标。另外，设计的评价指标应是针对具体油气勘探项目的，并且数据易得。如环境效益指标包括单位面积钻井进尺和集输管线长度等指标，这些指标是针对具体项目本身的。

（三）油气藏评价项目效益评价指标选择

针对已有评价指标体系的不足，结合上文构建评价指标遵循的原则，依据《方法与参数》的基本要求和油田实际情况，对油气勘探项目投资效益评价指标体系提出一些补充与完善的设想，并将油气勘探项目效益评价指标分为三类，即经济效益指标、环境效益指标和社会效益指标。

1.经济效益评价指标

依据《方法与参数》，结合油气勘探项目本身特点，参考新的理论依据，最终选择、构建了油气勘探项目效益评价指标体系，下面对各指标进行分析，以定取舍。

1）净现值

净现值是评价项目经济效益的基本指标，它是指项目寿命期内按基准折现率计算的项目净现金流量的现值之和。公式为

$$净现值=\sum_{t=1}^{n}(\mathrm{CI}-\mathrm{CO})_t(1+i)^{-t}$$

式中，i 为基准折现率；n 为计算期；CI 为项目现金流入；CO 为项目现金流出；$(\mathrm{CI}-\mathrm{CO})_t$ 为第 t 年的项目净现金流量。

净现值是反映投资项目（方案）在项目寿命期内获利能力的动态评价指标。净现值指标的判断标准是：净现值大于等于零时，该项目可行，且净现值越大越好；项目净现值小于零，说明该项目不可行。这一指标充分反映了企业追求经济

效益最大化的特点，在评价油气勘探项目的可行性指标中是主要的指标。

净现值指标也有其不足：①净现值指标只反映了项目的绝对收益，没有反映项目与投资规模相关的相对收益，因此无法用于投资额不同的项目间的对比、优选。②净现值是项目寿命期内现金净流量的现值之和，因此，净现值的大小与基准折现率和开采年限密切相关。当年净现金流量一定时，基准折现率越小，净现值越大；基准折现率越大，则净现值越小。当油气勘探储量一定时，油气开采年限越短，则项目净现值越大；相反，开采年限越长，净现值越小。企业从经济效益角度出发，希望尽快采出油气资源以弥补支出，最终可能会导致采收率降低和对资源的破坏性开采，影响可持续发展的战略目标，因此在项目经济评价时还要考虑经济合理的采油速度和储采比。

2）净现值率

净现值率是指投资方案的净现值与总投资现值的比率，用来说明单位投资获得的净现值：

$$\text{净现值率} = \frac{\text{净现值}}{\text{总投资现值}} \times 100\%$$

式中，总投资现值为勘探投资现值与开发投资现值之和。因此净现值属于勘探开发总的净现值。

净现值率的判断标准是：如果净现值率大于等于零，则该项目（方案）可行，否则不可行。

净现值率是一种考虑项目投资后的相对收益指标，可用于投资额不同的项目（方案）的比较，是对净现值指标的补充。因此，在方案（项目）优选时，当无资金限制时，可以用净现值指标，但当有资金限制时，可以考虑用净现值率进行辅助评价。

3）净年值和净年值率

净现值指标和净现值率指标没有考虑投资寿命期的不同，因此无法用于寿命期不同项目间的比较，为弥补这一缺陷，引入净年值（net annual value，NAV）和净年值率（net annual value rate，NAVR）这两个指标：

$$\text{净年值} = \text{净现值} \div \text{年金现值系数}$$

$$\text{净年值率} = \text{净年值} \div \text{总投资现值}$$

净年值指标可用来比较寿命期不同项目间的经济效益，但净年值指标没有考虑项目投资额，属绝对指标。净年值率指标是考虑项目投资额不同、寿命期不同的相对指标，可用于比较投资额不同、寿命期不同项目间的经济效益。

4）内部收益率

内部收益率（internal rate of return，IRR）是使项目净现值等于零时的折现率，公式为

$$\sum_{t=1}^{n}(\mathrm{CI}-\mathrm{CO})_t(1+\mathrm{IRR})^{-t}=0$$

式中，IRR 为内部收益率。

内部收益率的评价准则：当内部收益率大于等于行业基准收益率时，项目（方案）可行，否则不可行。该指标是反映项目经济效益的重要指标。

假设油气勘探项目只是项目期初投资，项目后期的措施投资及三次采油投资均不考虑，不会出现两个内部收益率的问题。

5）动态投资回收期

动态投资回收期（dynamic payback period，DPT）是项目累计净现金流量的现值等于零的年份，即现金流入现值等于现金流出现值的时间。

判断标准：当项目动态投资回收期小于等于基准投资回收期时，项目可行，且投资回收期越短越好；当项目动态投资回收期大于基准投资回收期时，项目不可行。该指标概念清晰、简便，是评价投资项目经济效益的一种比较简单的标准，具有辅助作用。

6）平均投资利税率

平均投资利税率（average profit tax ratio of investment，APRI）是指项目寿命期内年平均利税总额与项目总投资额之比。表达式为

$$\text{平均投资利税率}=\frac{\text{年利税总额}}{\text{项目总投资额}}\times 100\%$$

式中，项目总投资额为勘探开发投资总额。

判断标准：当项目平均投资利税率大于等于基准投资利税率时，该项目可行，且该指标越大越好，否则，项目不可行。

7）吨可采储量投资

勘探项目经济评价的指标之一是吨探明储量投资，由于可采储量才是真正的技术上、经济上能采出的储量，吨可采储量投资（recoverable reserves investment，RRI）才真正能反映项目竞争力、盈利能力，吨可采储量投资的一般公式为

吨可采储量投资＝勘探投资总额/预计可采储量

本书油气勘探项目投资决策的对象是勘探开发整体，反映项目整体竞争力的吨可采储量投资应改为

吨可采储量投资＝项目勘探开发投资总额／预计可采储量

吨可采储量投资越小，说明项目经济效益越好，吨可采储量投资是一个比较重要的指标。

8）米进尺获储量

油气勘探阶段的最终成果是提交探明储量，因此，单位勘探工作量获储量指标是反映项目经济效益的一类辅助指标，这类指标应包括：项目预计探井成功率、每口探井探明储量、每米进尺探井探明储量、千米二维地震探明储量和平方千米三维地震探明储量。对于油气藏评价类项目，主要和重要的勘探工作是探井，因此此处只选择米进尺获储量指标：

$$\text{米进尺获储量}=\frac{\text{探明地质储量}}{\text{探井进尺总数}}$$

米进尺获储量指标越大越好，米进尺获储量是评价油气勘探项目经济效益的又一辅助指标。

综合以上对反映油气勘探项目经济效益的指标的分析，本书放弃了净现值指标和净现值率指标，改用净年值和净年值率指标，因为净年值和净年值率完全可以替代净现值和净现值率指标。因此，油气勘探项目经济效益的指标体系包括：净年值、净年值率、内部收益率、动态投资回收期、吨可采储量投资、米进尺获储量、平均投资利税率。

2.环境效益评价指标

油气勘探项目的环境效益评价是衡量油气勘探开发生产活动对环境造成的危害，危害越大，恢复环境需要的成本越高，环境效益指标越差。因此，需对勘探开发活动可能导致的环境变化进行综合评估和衡量，以实现经济效益、社会效益和环境效益有机统一，构筑生产安全型、资源节约型、环境友好型企业[47]。

先进的勘探开发技术可以减少对环境的影响，如勘探过程中重新设计的勘探钻机减少了地面荷载；重新设计的地震技术也可减少爆炸冲击波的影响；新的声学和震动装置减轻了爆炸产生的震波，减少了噪声等；在钻井时水平钻井和定向钻井可以避开敏感的环境，开采更多的资源，小孔钻井技术可以大大减少废物产量等，但油气勘探开发对环境造成影响还是不可避免的，对环境造成的影响主要有污水排放、废气排放、固体废弃物排放、耕地占用等，于是最常见的环境效益评价指标有污水排放损失费用、废气排放损失费用、固体废弃物排放损失费用、项目的综合能耗、单位投资占用耕地、石油资源利用系数等，这些指标全面反映了油气勘探开发对环境造成的影响，但如用这些指标来衡量具体的油气勘探项目对环境的影响操作性就不太强，因为有些数据难以获得，如废气排放指标，很难估测具体项目的废气排放量，因此，本书设计了一些数据容易获得但也能反映项目环境影响的指标。

1）单位面积二维地震和单位面积三维地震工作量

勘探过程中，二维地震和三维地震的放炮与地面直接接触，其炸药震源会对地表产生影响，对土壤、岩石形成扰动，使地面变得疏松，甚至使原地貌面目全非，出现大面积的风蚀、沙化土地；声音会造成噪声污染，工作量越大，放炮量越多，对地表的影响也越大，噪声污染也越大。因此，用项目单位面积所承受的二维地震工作量（千米）及单位面积承受的三维地震工作量（平方千米）来衡量地震对环境造成的影响：

$$单位面积二维地震工作量=\frac{项目二维地震工作量}{项目占地面积}$$

$$单位面积三维地震工作量=\frac{项目三维地震工作量}{项目占地面积}$$

2）单位面积钻井进尺

钻井会产生钻井废水，钻井废水是钻井液、采出液、地下水或原油等与生产污水混合后的产物，钻井废水含有大量的添加化学药品，其中的有害物质一旦进入环境，将导致环境污染，危害生态环境。假设钻井越深，所用的钻井液越多，产生的钻井废水越多，对环境的污染也越严重。因此，用具体项目单位面积所承受的钻井进尺来衡量可能承受的钻井废水影响：

$$单位面积钻井进尺=\frac{项目预计钻井总进尺}{项目占地面积}$$

3）集输管线长度

石油输送主要靠石油输送管线来完成。输油管线的建设将可能破坏植被，产生水土流失，危害生态环境，另外石油管道的泄漏也会严重破坏生态，石油渗透到土壤中，杀死土壤中的微生物，从而改变土壤成分，改变地表生态，遭受污染的地区可能在几十年甚至上百年的时间内都会寸草不生。在油气集输过程中，管线越长，破坏的植被越多，发生泄漏的可能性也就越大，对环境产生影响的可能性也就越大。

集输管线长度就是项目油井距最近联合站的距离。

4）单位储量占地面积

油气勘探开采需要占用土地，如井场、道路、站所，而油井所在地由于勘探开采时造成的污染，可能长期内无法再得到利用，土地是不可再生的自然资源，要加以妥善利用，因此用单位储量占地面积来衡量对土地资源的消耗：

$$单位储量占地面积=\frac{项目占地面积}{项目预计探明储量}$$

综上所述，可以用五个指标来衡量项目环境效益：单位面积二维地震工作量、单位面积三维地震工作量、单位面积钻井进尺、集输管线长度、单位储量占地面积。但对于勘探程度较高的油区，或对于已进入油气藏评价勘探的项目，二维地震和三维地震已经很少，甚至已经没有。因此选择单位面积钻井进尺、集输管线长度、单位储量占地面积这三个指标来衡量油气勘探项目的环境效益情况。

3.社会效益评价指标

中国石油天然气股份有限公司自 2006 年建立报告发布制度以来，已连续十年披露社会责任报告，2009 年 4 月 23 日还首次披露国别社会责任报告，由此可见社会责任已经成为评价企业和企业自我评价的一个重要方面。

社会效益是指项目的实施为社会所作的贡献，也称外部间接经济效益，社会效益评价指标是项目对实现国家和地方社会发展目标所作贡献的评估[50]。社会效益指标难以定量计算，而且缺乏成熟的理论方法及实践经验的指导。通常，投资项目要实现的社会发展目标主要有经济增长速度、收入公平分配、自力更生能力、劳动就业程度、科技进步及其他社会变革等，其中最主要、最根本的是经济增长和收入公平分配的目标。因此常用的衡量社会效益的指标有就业效果（包括直接就业效果和间接就业效果）、收入分配效果（包括国家收入分配比重、地方收入分配比重、个人收入分配比重）、地区经济发展（包括社会经济发展系数、财政收入增长系数、居民收入增长系数）、社会环境影响（包括对当地文化教育的影响、生活质量提高系数和对当地基础设施的影响）、对科学技术的影响等，这些指标很好地反映了企业社会效益情况。但就具体项目而言，这些指标很难获取数据，如很难衡量一个具体的项目对科学技术的影响。

根据以上分析，考虑油气勘探项目社会效益指标的特殊性，选择以下指标衡量项目社会效益：①项目净现值（net present value）；②项目利税总额（profit and tax）；③项目对区域经济实力的影响（influence of reginal economic strength）。

项目净现值、项目利税总额越多，说明项目对地方、对国家所作贡献越大，为地方提供的就业机会越多，对地方的教育、基础设施所作贡献越大。而这两个指标也是较易获得的，而且与特定项目相关。

第四节　油气藏评价项目风险识别与衡量

油气勘探与开发是高投入、高风险行业，20 世纪 80 年代中期的油价暴跌风波促使西方石油公司不得不将风险分析和评价作为制定勘探开发决策的重要依据，因此，如何降低投资风险就成了油气工业界战略研究的重要组成部分。《2008—2010 年中国石油勘探行业发展预测及投资规划分析报告》在中国石油勘探产业发展展望分析中更是指出："我国石油勘探开发地理和地质条件越来越差，以及勘探开发的突破越来越依靠技术的形势。"因此，在制定勘探项目战略的过程中，为提高决策的可信度，有必要对石油勘探开发过程中存在的风险和由风险带来的不确定性加以认真分析。由于油气勘探资金密集，一旦达不到预期目标就会造成巨大经济损失，这在客观上突出了风险分析在投资决策中的作用。

一、油气藏评价项目风险识别

风险辨识就是从系统的观点出发，从项目发展的过程中及项目所涉及的各个方面，简化分解引起项目风险的复杂事物，找出其中主要的因素单元。目前对油气藏评价项目风险因素识别的研究很多，美国特里顿能源公司将石油勘探风险因素划分为"地质技术条件、项目经济性、国家和工业环境"三大类，三个层次共 62 个参数。美国 APEX 技术公司认为"发现正确投资和避免错误投资就如同确定远景构造一样重要"，把石油项目风险划分为三大类：地质、技术和经济。

油气藏评价项目风险分析包括两个方面：一是分析发现油气田的概率；二是分析油气藏储量大小及其经济价值。所以，油气勘探风险分析既要分析探区有没有油，又要分析有多少油及可能遇到的勘探和开发难度。因此，我国石油经济界一般把石油项目风险划分为地质风险、工程风险和经济风险三大类。

（一）地质风险

地质风险是指油气勘探开发投资找不到具有商业价值油气田的可能性。油气勘探的目标是寻找可以开发动用的经济储量，储量的有无及储量大小是油气勘探风险评价的核心。因此，油气勘探最主要的风险因素仍然是地质风险。油气勘探是寻找地下资源的投资活动，由于地质条件的复杂性和人们认识地下地质规律的局限性，实际勘探结果可能与预测的油气资源有很大偏差，这构成了一般投资不具有的资源风险。其风险程度主要由烃源岩、储层、圈闭、保存条件和配套条件所决定，其中每一项条件下又包含若干个地质风险因素。

（二）工程风险

油气勘探投资是技术密集型投资，且勘探作业是在复杂的地质、地理条件下进行，其技术适应性风险、工程作业风险远比其他投资高得多。工程上的不确定因素包括所采用技术的适应性、作业采集与资料处理的先进性、技术组合的科学性、作业方案与工艺流程的合理性。

油气勘探的各个阶段所采用的工程技术多而复杂，有些技术是成熟的，有些还存在缺陷；有些需要自己独立研发，有些则需要从外面引进，这一过程不可避免地存在风险。同时，技术之间既相互独立又互相影响，前一阶段技术的成功应用不仅会对勘探效益产生重大影响，还可以大大提高后续新技术研发的效率。目前世界上剩余的、未探明的油气储量多处于自然条件与地质条件复杂的地区，其作业难度大，勘探风险高。谁越早掌握和利用高、新、尖端技术，谁就越早受益，越多获利。然而，技术方法应用不当，也会导致诸如井壁坍塌、井喷、卡钻等风险事故，直接影响勘探进程，导致效益降低。

（三）经济风险

经济风险是指由于工程投资、油气价格、油气产量、经营成本、利息、税费等的不利变化，从而影响项目的盈利能力，甚至导致项目发生损失乃至失败的可能性。这些因素的不确定性很大，如国际能源价格除了受到美国、英国等发达国家的经济变动、欧佩克和非欧佩克产油国政策变化及全球需求量的影响外，还受到诸如恐怖袭击、地缘政治等因素的影响。此外，国际垄断资本对价格的操控愈演愈烈，国际投机资本在石油期货市场空前活跃，更加增大了石油、天然气价格的不确定性。另外，造成油气勘探项目经济风险的因素还有利率、汇率的变动及税收政策的变动等，这些都会直接影响油气勘探项目的经济效益[51]。

二、油气藏评价项目地质风险衡量

地质风险是油气勘探风险中最基础的问题，对地质条件认识上的不确定性，决定了勘探地质风险伴随着油气勘探的全过程。

油气勘探投资的最终目的是发现具有商业价值的油气藏，因此油气勘探地质风险就是不能发现具有商业价值油气藏的可能性，勘探地质风险的大小可以从两个方面来衡量：一是客观石油地质条件，即含油气概率的大小，即是否具备油气成藏的基本条件。因此，勘探地质风险意味着所面临的自然条件的挑战。二是地质认识能力，即前期认识是否符合实际情况，主要是指勘探理论和技术的适应性，适应能力越强，获得油气的可能性越大，勘探风险越小，因此，勘探地质风险意味着所面临的自身勘探水平的挑战。

（一）含油气概率衡量

评价盆地、区带和圈闭含油气概率的重点不同，对于盆地评价，主要是通过盆地模拟和重塑盆地演化史，优选含油气盆地，进一步优选有利区带。对于区带评价，主要是研究生油岩、储层、盖层、圈闭、运移、聚集和保存等条件的内在联系，评价区带的含油气规模和勘探潜力，优选出重点区带。圈闭评价主要是综合评价其基础数据、保存条件、储层条件、烃源条件和时空匹配五项石油地质条件，判断圈闭的含油气概率，确定是否继续钻探。

在具体测算含油气概率时可用风险概率评分法、模糊综合评判法、神经网络法等。对勘探程度较高的地区常用的方法是风险概率评分法，即根据油田过去的勘探经验给出评分标准（表 4-1），然后由专家根据项目具体情况及基础数据进行打分，给出储集条件、烃源条件、盖层条件、运移条件、配套条件和保存条件存在油气的概率，油气存在必须是这些因素都有利情况的结果，油气存在的概率就是这些因素同时独立存在的概率，然后利用概率连乘法，确定盆地存在油气的概率。圈闭含油气概率与地质风险系数互为 1 的补数。

$$P=\prod_{i=1}^{6}p_i$$

式中，P 为圈闭含油气概率；p_i 为单项地质条件概率。

表 4-1　圈闭含油气概率标准[52]

成藏条件		概率值		
		>0.8	0.8～0.6	<0.6
烃源条件	与油源距离/千米	<10	10～20	>20
	生烃强度/（10^4吨/千米^2）	>1200	600～1200	<600
储集条件	储层厚度/米	5～10	1～5	>10
	储层孔隙度/%	>10	5～10	<5
盖层条件	盖层封闭性能	好（1）	一般（2）	差（3）
运移条件	运移通道发育情况（不整合面、断裂、疏导层）	发育（1）	一般（2）	不发育（3）
配置条件	圈闭形成与生、排烃高峰的时间配置	圈闭形成在前（1）	同期形成（2）	圈闭形成在后（3）
保存条件	构造保存条件	没受到破坏（1）	轻微破坏（2）	破坏（3）

单项地质条件发生的概率取决于其子项地质因素的好坏。根据地质模型的分析，判断各子项地质因素对其母项地质条件的影响的相对大小，分别赋予一定的权值，以突出主要地质因素。单项地质条件的概率 p_i 可以用各子项地质因素评价系数的加权平均值来表示，即

$$p_i = \sum_{j=1}^{n_j} q_{ij} p_{ij} \quad (0 \leqslant p_i \leqslant 1)$$

式中，n_j 为各地质条件中子项地质因素的个数；p_{ij} 为各子项地质因素评价系数；q_{ij} 为各子项地质因素的权值。

在进行含油气概率衡量时，应注意以下两个问题。

（1）在专家进行打分并给出相应概率环节，可采用德尔菲法或头脑风暴法，以减少个别专家偏好问题和认识片面的可能性。

（2）不同要素权系数的取值，应充分反映该要素对于油气成藏的重要性，不同要素权系数的取值必须充分考虑评价对象之间的可对比性。例如，烃源条件包括生烃强度、排烃强度、运移通道、运移强度、运移方向和运移距离等地质要素。在东营凹陷开展圈闭地质风险评价时，四个运移要素是主要要素，生烃强度和排烃强度是次要要素，但若将济阳拗陷与临清拗陷、昌潍拗陷和胶莱拗陷一同进行圈闭地质风险评价，则生烃、排烃强度又成为主要地质要素。

（二）地质认识能力衡量

圈闭控制程度、地震资料品质、钻探资料情况是衡量地质认识能力的三个主要方面。其中，圈闭规模与测网密度之间的关系决定了圈闭控制程度，是影响圈闭成图精度的重要因素。一个探区内测网稀，勘探工作量不够，造成高点不落实和钻探落空是屡见不鲜的。地震资料品质表现为分辨率、信噪比、闭合差、地震反射层位、断点与地层尖灭点显示等特征，受到资料收集、资料处理等多方面因素的影响。勘探程度等与钻探资料的拥有程度密切相关，它直接影响到层位标定、储层预测的精度。

圈闭可靠性评价正是根据圈闭控制程度、地震资料品质、钻探资料情况来进行的。通过建立适当的评分标准（表4-2），可以对圈闭的可靠性进行定量评价。圈闭可靠性系数可以用得分的连乘来求得，即

$$\eta = \eta_1\eta_2\eta_3$$

式中，η 为圈闭可靠性系数；η_1 为圈闭控制程度得分；η_2 为地震资料品质得分；η_3 为钻探资料情况得分。

表 4-2　某区带圈闭可靠性评分标准[53]

<table>
<tr><th>评分标准</th><th>圈闭控制程度</th><th>地震资料品质</th><th>钻探资料情况</th></tr>
<tr><td>0.90～1.00</td><td>有三维地震，或多条二维测线控制，呈“#”型控制</td><td rowspan="2">地震资料分辨率高；反射能够连续追踪，断点、尖灭点清晰可辨；基本无闭合差</td><td>邻近圈闭有井资料可供进行准确的标定</td></tr>
<tr><td>0.75～0.90</td><td>有两条以上主测线通过，呈“++”型控制</td><td>同一个二级构造带上有探井资料可供标定</td></tr>
<tr><td>0.60～0.75</td><td>有两条交叉测线通过，呈“+”开型控制</td><td>分辨率较高，50%以上可连续追踪，大断层和高角度削截显示清晰；闭合差较小</td><td>相邻二级构造带有井资料可供解释时参考</td></tr>
<tr><td>0.40～0.60</td><td>有两条非交叉测线通过，呈“=”开型控制</td><td rowspan="2">地震反射追踪的可靠性较低，断点和尖灭点显示不清；闭合性差</td><td>（亚）一级构造单元内有井资料</td></tr>
<tr><td><0.40</td><td>测网稀，只有一条测线通过，呈“—”型</td><td>基本无钻探资料，或构造复杂，无法进行层位追踪对比</td></tr>
</table>

（三）油气藏评价项目地质风险衡量

圈闭含油气概率是根据勘探所获取的资料，分析后确定的圈闭含油气的可能性；地质认识能力是勘探资料的可靠性，因此，圈闭有商业价值油气藏的概率是圈闭可靠性系数与圈闭含油气概率的乘积，因此，项目地质风险公式为

油气藏评价项目地质风险 = 1−圈闭可靠性系数 × 圈闭含油气概率

三、油气藏评价项目经济风险衡量

衡量油气藏评价项目经济风险的思路有两个：一是收益低于基准收益的概率，如净年值小于零的概率，或内部收益率小于基准收益率的概率；二是油气勘探项目期望净年值（或期望内部收益率）的方差或标准差，但方差只能反映期望收益离散程度的绝对值，不能反映项目投资规模。因此，可用勘探项目期望净年值（或期望内部收益率）的标准离差率来衡量项目的经济风险。具体测算思路如下。

（一）期望净年值

在大量重复事件中，期望值就是随机变量取值的平均值，也是最大可能取

值，它最接近实际值。油气勘探项目期望净年值（expected net annual value，ENAV）的计算公式为

$$\mathrm{ENAV}=\sum_{i=1}^{x}\sum_{j=1}^{y}\mathrm{NAV}_{ij}p_{ij}$$

式中，ENAV 为油气勘探项目期望净年值；NAV_{ij} 为当第 i 个不确定性因素为第 j 种状态时项目的净年值；p_{ij} 为当第 i 个不确定性因素为第 j 种状态时的概率。

$$\sum_{i=1}^{X}\sum_{j=1}^{Y}p_{ij}=1$$

（二）方差、标准差

方差或方差的均方根（即标准差）表示随机变量的离散程度，也表示和真值的偏离程度。用经济观念来解释就是标准差反映了经济效果各种可能值与期望值之间的差距。它们之间的差距越大，说明随机变量的可变性越大，意味着经济效果各种可能情况与期望值的差别越大；它们之间的差距越小，说明经济效果各种可能值越接近于期望值，这就意味着风险越小。所以，标准差的大小可以看作其所含风险大小的具体标志。

油气勘探项目净年值方差的计算公式为

$$\delta^2=\sum_{i=1}^{x}\sum_{j=1}^{y}(\mathrm{ENAV}-\mathrm{NAV}_{ij})^2p_{ij}$$

$$\delta=\sqrt{\sum_{i=1}^{x}\sum_{j=1}^{y}(\mathrm{ENAV}-\mathrm{NAV}_{ij})^2p_{ij}}$$

式中，δ^2 为净年值方差；δ 为净年值标准差。

（三）净年值标准离差率

风险的大小同标准差呈正比关系，但标准差只是一个绝对值，为了比较不同方案的风险程度，还需要采用标准离差率这个相对指标。以净年值为例给出净年值标准离差率：净年值标准离差率就是净年值的标准差与净年值的期望值之比，其计算公式如下：

$$\chi=\frac{\delta}{\mathrm{ENAV}}$$

净年值标准离差率作为衡量风险程度的指标可以定量表明各个方案风险的大小，因此，净年值标准离差率越小，则风险越小；反之，风险越大。

四、油气藏评价项目工程风险衡量

工程技术难度主要指地震、钻井等技术对项目勘探开发的适用程度；地理环境是指项目区的地面、气候条件的复杂程度和环保要求；交通状况是指项目区离工业城市的远近、交通情况和与主干线的连通情况，以及项目配套的辅助工程，如海堤、港口等能否按计划建成等。

在具体评估时，先设定工程风险评价标准（表 4-3），由专家根据项目具体情况对各方面权重进行分析。由于考虑方面较少，可由专家直接打分确定权重，具体确定权重时，根据具体情况可采用德尔菲法或头脑风暴法，避免专家主观影响，进而计算项目工程风险。

表 4-3　工程风险评价标准[53]

评价参数	一级 （1～0.75）	二级 （0.75～0.5）	三级 （0.5～0.25）	四级 （0.25～0）	权重系数
工程技术难度	技术设备优良，现有勘探技术能满足勘探对象	技术设备良好，经过一定的改进和完善，能够满足勘探对象	技术设备良好，但要改进，满足勘探对象的难度较大	技术设备较差，勘探技术难以满足勘探对象，需要完全引进或开发新技术	0.4
地理环境	地面为平原，现有条件能够适应地面、气候和环保要求	地面为丘陵、草原区，现有条件能够适应地面、气候和环保要求	地面为黄土塬、沙漠，现有条件需要改进才能够适应地面、气候和环保要求	地面为山地，现有条件难以适应地面、气候和环保要求	0.3
交通状况	交通发达，离工业城市 0～100 千米	交通发达，离工业城市100～500 千米	交通欠发达	交通不发达	0.3

根据第三节和第四节内容，可汇总油气藏评价项目经济评价指标，见表 4-4。

表 4-4　油气藏评价项目经济评价指标体系

油气藏评价项目经济评价指标体系	效益指标	经济效益指标	净年值
			净年值率
			内部收益率
			动态投资回收期
			平均投资利税率
			吨可采储量投资
			米进尺获储量
			单位三维地震获储量
			单位二维地震获储量
		社会效益指标	项目净现值
			项目利税总额
			项目对区域经济实力的影响

续表

油气藏评价项目经济评价指标体系	效益指标	环境效益指标	单位面积二维地震工作量 单位面积三维地震工作量 单位面积钻井进尺 单位储量占地面积 集输管线长度
	风险指标	地质风险	含油气概率 地质认识能力
		经济风险	净年值标准离差率 内部收益率标准离差率
		工程风险	工程风险系数

第五节　油气藏评价项目综合评价

一、油气藏评价项目综合评价基本思路

油气藏评价项目评价指标由经济效益指标、社会效益指标、环境效益指标和风险评价指标四类指标构成，属于典型的多属性决策问题。因此，采用多属性决策方法对油气藏评价项目进行综合评价，具体分为以下两部分主要内容。

（一）评价指标权重的确定

综合评价指标从不同角度对油气藏评价项目进行评价，通常情况下，重要的指标给予较高的权重，相对不重要的指标给予较低的权重。实际评价过程中，在不同的油田、油田不同发展阶段，两者决策时考虑因素不同，各个指标对决策结果的重要程度也不同，因此，各评价指标权重的确定离不开决策者的主观评价。

另外，进行项目（或方案）比选时，主要应考虑各项目（或方案）不同的方面，如果各项目（或方案）某指标完全相同，则评价比较时可不予考虑。因此，各评价指标权重也应考虑各项目（方案）数据间的离散程度。

评价指标权重的确定需同时考虑主观因素和客观因素。

（二）综合评价

由于不同的评价指标从不同的角度评价油气藏评价项目，而且各评价指标的

量纲不同，无法直接比较，需将各评价指标进行规范化处理，然后结合权重进行综合评价，根据综合评价结果对项目（或方案）进行比较。

二、应用组合赋权法确定权重

在多属性决策中，确定权重的方法有主观法和客观法两大类。其中，主观法是根据决策者对各属性的主观重视程度而赋权的方法，如层次分析法、专家打分法等；客观法是指单纯利用各属性的客观信息确定权重的方法，主要有熵值法、标准离差法等。主观法所确定的属性权重体现了决策者的意向，但没考虑各属性的信息量，而客观法所确定的属性权重虽然具有较强的数学理论依据，但没有考虑决策者的主观意向，两类方法均有一定的局限性。为了兼顾到对属性的偏好，同时又力争考虑各属性的信息量，使对属性的赋权达到主观与客观的统一，常常将主观法和客观法确定的权重相结合，这样，既能充分利用客观信息，又尽可能地满足决策者的主观愿望，且具有思路清晰、简洁实用的特点。本书用层次分析法确定主观权重，用熵值法确定客观权重。

（一）应用层次分析法确定主观权重

下面说明应用层次分析法确定各指标权重的步骤。

1.构造层次分析结构

首先将油气藏评价项目综合评价体系条理化、层次化，构造出一个层次分析的结构模型。层次可分为以下三类。

（1）目标层。即油气藏评价项目综合评价。

（2）准则层。也可由若干层组成，第一层包括油气藏评价项目效益指标和风险指标两类，油气藏评价项目效益评价又分为社会效益、经济效益和环境效益这三类指标。油气藏评价效益层次对下一层次的社会效益、经济效益和环境效益起支配作用，同时它又受上面层次元素的支配。

（3）指标层。例如，油气藏评价项目经济效益指标包括净年值、内部收益率、动态投资回收期等指标。

2.构造两两比较判断矩阵

从最高层元素开始，依据对上一层某元素 U 的重要程度，对它支配的下一层元素两两比较，建立判断矩阵。记判断矩阵为 $\boldsymbol{U}=(u_{ij})$，u_{ij} 是对 U 来说的第 i

个元素相对于第 j 个元素的重要性，重要性可根据评判标准来确定。构造两两比较判断矩阵，首先应确定判断矩阵标准，判断矩阵标度及其含义见表 4-5。

表 4-5　判断矩阵标度及其含义

相对重要程度 u_{ij}	解释
1	表示两个元素相比，具有同样重要性
3	表示两个元素相比，前者比后者稍重要
5	表示两个元素相比，前者比后者明显重要
7	表示两个元素相比，前者比后者极其重要
9	表示两个元素相比，前者比后者绝对重要
2，4，6，8	表示上述相邻判断的中间值
倒数	若元素 i 与 j 的重要性之比为 a_{ij}，那么元素 j 与元素 i 的重要性之比为 $a_{ji}=1/a_{ij}$

3.权重计算方法

权重的计算方法有多种，在此主要介绍常用的特征根法。特征根法是以判断矩阵的最大特征根所对应的特征向量确定各因素的权重。判断矩阵的最大特征根所对应的特征向量一般采用方根法来计算，其计算步骤如下。

（1）计算判断矩阵每一行元素的乘积 W_i：

$$W_i=\prod_{j=1}^{m}u_{ij}\text{ ，}\ i,j=1,2,3,\cdots,m$$

式中，m 为上一层元素 U 所支配的下一层元素数，也就是判断矩阵的阶数。

（2）计算 W_i 的 m 次方根，然后将其归一化：

$$\overline{W}_i=\sqrt[m]{W_i}$$

$$a_i=\frac{\overline{W}_i}{\sum_{i=1}^{m}\overline{W}_i}$$

$\boldsymbol{A}=(a_1,a_2,\cdots,a_m)^{\mathrm{T}}$ 即为所求特征向量，也就是各元素对上一层次元素 U 重要性的相对权重。

（3）计算矩阵的最大特征根：

$$\lambda_{\max}=\sum_{i=1}^{m}\frac{(UA)_i}{ma_i}$$

4.一致性检验

计算出各个判断矩阵的最大特征根及其特征向量后，要检验各判断矩阵的一致性，如果不满足，需对判断矩阵重新调整。由于事物的复杂性，判断矩阵虽不要求满足传递性，但大体应是一致的，不应出现这样违背常规的情况："A 比 B 极端重要，B 比 C 极端重要，但 C 比 A 极端重要"，因此要进行一致性检验，检验步骤如下。

（1）计算一致性指标 CI：

$$\mathrm{CI}=\frac{\lambda_{\max}-m}{m-1}$$

（2）查找相应的平均随机一致性指标 RI。

表 4-6 给出了 1～15 阶正互反矩阵计算 1000 次得到的平均随机一致性指标。

表 4-6　层次分析法的平均随机一致性指标 RI

矩阵阶数	RI	矩阵阶数	RI
1	0	9	1.46
2	0	10	1.49
3	0.52	11	1.52
4	0.89	12	1.54
5	1.12	13	1.56
6	1.26	14	1.58
7	1.34	15	1.59
8	1.41		

（3）计算性一致性比例 CR：

$$\mathrm{CR}=\frac{\mathrm{CI}}{\mathrm{RI}}$$

判断标准是：当 CR＜0.1 时，认为判断矩阵具有满意的一致性，否则，就需要调整判断矩阵，直到取得满意的一致性为止。

5.层次总排序及一致性检验

层次总排序是要计算最低层各元素对总体目标的重要性权重，层次总排序要自上而下地将单准则下的权重进行合成，并逐层进行总的一致性检验：

$$\mathrm{CR}=\frac{\sum_{j=1}^{m}a_j\mathrm{CI}_j}{\sum_{j=1}^{m}a_j\mathrm{RI}_j}$$

判断标准同单层次一致性检验[40]。

（二）应用熵值法确定客观权重

在信息论中，熵是对不确定性的一种度量。信息量越大，不确定性就越小，熵也就越小；信息量越小，不确定性越大，熵也越大。

根据熵的特性，可以通过计算熵值来判断一个事件的随机性及无序程度，也可以用熵值来判断某个指标的离散程度，指标的离散程度越大，该指标对综合评价的影响（权重）越大，其熵值越小，熵值法确定权重的具体步骤如下。

设有 m 个对象，n 个评价指标，各指标属性值为 x_{ij}，其中 x_{ij} 表示第 i 个对象的第 j 个指标的属性值。

（1）计算第 i 个对象第 j 项指标值的比重：

$$Y_{ij}=\frac{x_{ij}}{\sum_{i=1}^{m}x_{ij}}$$

（2）计算指标信息熵：

$$e_j=-k\sum_{i=1}^{m}(Y_{ij}\ln Y_{ij})$$

（3）计算信息熵冗余度：

$$d_j=1-e_j$$

（4）计算指标权重：

$$b_i=\frac{d_j}{\sum_{j=1}^{n}d_j}$$

式中，x_{ij} 为第 i 个年份第 j 项评价指标的数值，$k=1/\ln m$，其中 m 为评价对象，n 为指标数。

（三）组合赋权法

综合权重需考虑主观法权重和客观法权重，常用的一种组合方法是加权平均法，即 $w_i=aa_j+(1-a)b_j$，式中，a_j 为主观法权重，b_j 为客观法权重。这种方法有个缺点，即当各事件的某指标值都相同时，即 $x_1=x_2=\cdots=x_n$，则 x 指标的客观法权重为零，但依据上述公式计算的综合权重并不为零。依据项目（方案）比选，比较的是差异，而不是相同点这种理念，如果各项目（方案）某个指标的指标值完全相同，就没有比较的意义了，该指标的权重就应该为零，故本书采用另一种方法计算指标的综合权重：

$$w_j = \frac{a_j b_j}{\sum_{j=1}^{n} a_j b_j}$$

三、应用模糊综合评价法进行综合评价

1.建立因素（指标）集

因素集是影响评判对象的各种因素所组成的集合，如油气勘探项目经济效益评价指标有净年值、内部收益率、动态投资回收期及吨可采储量投资等指标：

$$U = (U_1, U_2, \cdots, U_n)$$

式中，U 为因素集；U_i 为第 i 个影响因素，$i=1,2,\cdots,n$。

2.建立评语集

评语集是对各因素做出的评价等级的集合，如优、良、中、差或好、一般、不好等集合，具体可根据评价对象（因素）的具体情况而定。

评语集通常用 v 表示，$v = (\boldsymbol{v}_1, \boldsymbol{v}_2, \cdots, \boldsymbol{v}_m)$，$\boldsymbol{v}_j$ 指第 j 个评价等级，即模糊评价向量。

3.建立权重集

在元素（指标）集中，各元素（指标）对上一层次元素的重要程度是不一样的，为反映各指标的重要程度，确定了各指标的权重。指标权重确定方法多种多样，可用前述的层次分析法和熵值法，具体表述为

$$A = (a_1, a_2, \cdots, a_n)$$

式中，a_i 为第 i 个元素的权重，各元素的权重之和为 1。

4.单因素模糊评价

单因素模糊评价就是确定各因素对评语集中各评价等级的隶属程度，需建立隶属函数，确定隶属度，单个因素构成一个模糊评价向量：

$$\boldsymbol{R}_{im} = \{r_{i1}, r_{i2}, \cdots, r_{im}\}$$

所有单因素的模糊评价向量构成单因素模糊评价矩阵：

$$\boldsymbol{R} = \begin{bmatrix} r_{11} & r_{12} & \cdots & r_{1m} \\ r_{21} & r_{22} & \cdots & r_{2m} \\ \vdots & \vdots & & \vdots \\ r_{n1} & r_{n2} & \cdots & r_{nm} \end{bmatrix}$$

5.模糊综合评价

模糊综合评价的基本模型为

$$B=A \circ R$$

式中，o 为模糊合成算子，常用的模糊合成算子有：①“∧，∨”，“取小，取大”；②“×，∨”，“乘积，取大”；③“∧，+”，“取小，有界和”；④“×，+”，“乘法和有界和”。在油气藏评价项目经济评价中运用乘法和有界和运算，这样可以考虑所有因素（指标）的影响[40]。

油气勘探项目经济评价实例研究

第五章

第一节　区域勘探项目经济评价实例研究

一、油气勘探项目基础数据

以下列举四个区域勘探项目，项目基础数据如表 5-1～表 5-5 所示。表 5-1～表 5-4 是各项目 2011～2015 年工作量，表 5-5 是各项目面积及预测资源量。

表 5-1　区域勘探项目（一）工作量估算表

年份	2011	2012	2013	2014	2015
二维地震/千米	500	450	500	500	500
三维地震/平方千米	150	70	100	60	100
探井/米	5000	5000	5000	5000	5000

表 5-2　区域勘探项目（二）工作量估算表

年份	2011	2012	2013	2014	2015
二维地震/千米	900	900	1000	1000	1100
三维地震/平方千米	300	300	400	500	500
探井/米	6000	6000	6000	6000	6000

表 5-3　区域勘探项目（三）工作量估算表

年份	2011	2012	2013	2014	2015
二维地震/千米	220	240	250	240	240
三维地震/平方千米	50	60	60	60	60
探井/米	2200	2200	2200	2200	2200

表 5-4 区域勘探项目（四）工作量估算表

年份	2011	2012	2013	2014	2015
二维地震/千米	550	550	560	560	570
三维地震/平方千米	194	194	204	204	214
探井/米	5000	5000	5000	5000	5000

表 5-5 各区域勘探项目面积和资源量

项目名称	资源量/万吨	勘探面积/平方千米
区域勘探项目（一）	2400	305
区域勘探项目（二）	4650	650
区域勘探项目（三）	1910	430
区域勘探项目（四）	4148	740

二、区域勘探评价指标测算

（一）单位资源量投资

影响勘探投资大小的一个重要因素是勘探工作量的单位成本，即二维地震单位成本、三维地震单位成本和探井单位进尺成本等，在评价过程中，单位成本可用成本定额，具体到某一个项目，可根据情况做相应调整；也可以根据油田近几年的成本情况进行预测。

表 5-6 油田 2011～2015 年的单位成本

年份	2011	2012	2013	2014	2015
二维地震/（万元/千米）	5.50	5.47	6.04	4.07	2.51
三维地震/（万元/千米^2）	22.43	20.35	21.77	21.19	27.30
探井/（元/米）	2859.10	2936.08	2854.29	2663.23	3171.10

为简化计算，选取 2011～2015 年的平均值：

二维地震单位成本 =（5.5+5.47+6.04+4.07+2.51）/5 ≈ 4.72（万元/千米）

三维地震单位成本 =（22.43+20.35+21.77+21.19+27.30）/5 ≈ 22.61（万元/千米^2）

探井单位成本 =（2859.1+2936.08+2854.29+2663.23+3171.10）/5 = 2896.76（元/米）

区域勘探项目投资额 = 二维地震工作量×二维地震单位成本
+ 三维地震工作量×三维地震单位成本
+ 探井工作量×探井单位成本

区域勘探项目（一）、区域勘探项目（二）、区域勘探项目（三）、区域勘探项目(四)的投资分别为 29652.84 万元、77024.48 万元、1537.18 万元和 35997.30 万元。

$$\text{单位资源量投资} = \frac{\text{油气勘探项目投资额}}{\text{预测资源量}}$$

区域勘探项目（一）、区域勘探项目（二）、区域勘探项目（三）、区域勘探项目（四）的单位资源量投资分别为 12.35 元/吨、16.57 元/吨、8.04 元/吨和 8.68 元/吨。

（二）资源丰度

$$\text{资源丰度} = \frac{\text{油气勘探项目预测资源量}}{\text{项目含油面积}}$$

区域勘探项目（一）、区域勘探项目（二）、区域勘探项目（三）、区域勘探项目（四）的资源丰度分别为 7.87 吨/平方千米、7.15 吨/平方千米、4.44 吨/平方千米和 5.61 吨/平方千米。

（三）含油气概率

考虑区域勘探项目生、储、盖、圈、运、保的条件，确定四个项目的含油气概率分别为 20%、21%、19%和 18%。

（四）油气资源量

根据项目基础资料，区域勘探项目（一）、区域勘探项目（二）、区域勘探项目（三）、区域勘探项目（四）的油气资源量分别为 2400 万吨、4650 万吨、1910 万吨和 4148 万吨。

三、区域勘探项目综合评价

（一）确定各指标权重

在评价过程中，会给予重要的评价指标较大的权重。指标的重要性一般考虑两个方面，首先，要考虑该指标在性质上对评价结果的重要程度，其次，要看项目间指标的差异度，在进行项目间比较时，主要比较项目的差异，因此，某一指标值在各项目间差别较大时，才会比较重要，相反，各项目的某一指标值相差不大甚至完全相同时，重要程度会相对减小。

由于区域勘探项目评价指标较少，而且只有四个项目进行对比，相对比较简单，可以结合重要性的两个方面，用专家打分法确定各指标权重。

单位资源量投资、资源丰度、含油气概率、油气资源量的权重分别为 30%、20%、30%和 20%。

（二）评价指标规范化

由于各指标的度量单位不同，需首先对其进行规范化处理。

正向指标的规范化公式：

$$x'_{ij}=\frac{x_{ij}-\min(x_j)}{\max(x_j)-\min(x_j)}$$

负向指标的规范化公式：

$$x'_{ij}=\frac{\max(x_j)-x_{ij}}{\max(x_j)-\min(x_j)}$$

式中，x_{ij} 为第 i 个项目第 j 个指标值；x'_{ij} 为 x_{ij} 的规范化系数；$\max(x_j)$ 为所有项目中第 j 个指标的最小值；$\max(x_j)$ 为第 j 个指标的最大值。

各指标的规范化结果见表 5-7。

表 5-7　区域勘探项目评价指标规范化

项目	项目（一）	项目（二）	项目（三）	项目（四）
单位资源量投资系数	0.495	0	1	0.925
资源丰度系数	0	0.210	1	0.659
含油气概率系数	0.333	0	0.667	1
油气资源量系数	0.821	0	1	0.183

（三）项目综合评价

项目综合评价计算见表 5-8。

表 5-8　项目综合评价计算表

项目	权重/%	项目（一）	项目（二）	项目（三）	项目（四）
单位资源量投资系数	30	0.5	0	1	0.93
资源丰度系数	20	0	0.21	1	0.66
含油气概率系数	30	0.33	0	0.67	1
油气资源量系数	20	0.82	0	1	0.18
综合评价值		41.27	4.20	90	74.59

按照项目综合评价值从高到低的顺序对项目进行排序，为项目（三）、项目（四）、项目（一）、项目（二）。

第二节　油气藏评价项目多方案优选实例研究

选取某油田一个凹陷的储备圈闭为例，进行油气藏评价项目多方案优选实例研究。该凹陷的预探井分布密度已达到0.11口/千米^2，根据国际通用标准已属于高勘探程度区（按预探井密度分类，成熟勘探区>0.5口/千米^2，高勘探程度区为0.5～0.1口/千米^2，中等勘探区为0.1～0.01口/千米^2，低勘探程度区<0.01口/千米^2），该凹陷2016年有25个圈闭备选。

一、油气藏评价项目基础数据

该凹陷25个备选勘探项目，其中前10个为圈闭预探项目，后15个为油气藏评价项目，由于这10个圈闭预探项目勘探程度较深，可按照油气藏评价项目经济评价方法进行评价。

项目基础数据见表5-9，本节以项目14为例进行单个项目多方案优选研究，项目14更多的基础数据见表5-10～表5-15。

表5-9　各勘探项目的基础数据

项目	项目名称	勘探面积/平方千米	预计地质储量/万吨	预计可采储量/万吨	原油类型	探井进尺/千米	三维地震工作量/平方千米	集输管线长度/千米
预探项目	项目1	36	405.0	68.9	稀油	1800	5	18
	项目2	22	224.0	34.0	稀油	1200	4	7
	项目3	400	3608.0	541.0	稀油	11000	4	12
	项目4	62	250.0	45.0	稀油	2800		21
	项目5	200	662.1	99.3	稀油	10000	12	3
	项目6	190	1816.7	363.3	稀油	6000	20	6
	项目7	113	1995.0	279.3	稀油	5000		7
	项目8	141	804.0	160.8	稀油	8000		10
	项目9	131	914.0	274.2	稀油	10200	12	7
	项目10	420	2282.0	228.2	稀油	20000		6
详探项目	项目11	300	400.0	45.7	稀油	5000	12	6
	项目12	112	1037.0	207.4	稀油	3200		2
	项目13	40	240.0	31.0	稀油	1000		11
	项目14	350	2024.0	303.0	稀油	68000	160	8
	项目15	17	140	28.0	稀油	1500		13
	项目16	79	773	77.3	稀油	2000		15
	项目17	51	980	98.0	稀油	3000		12
	项目18	900	3343	668.6	稀油	20000	50	12
	项目19	180	1277	238.4	稀油	16900		7
	项目20	30	94	18.8	稀油	1400		3
	项目21	80	120	33.3	稀油	3000	40	8

续表

项目	项目名称	勘探面积/平方千米	预计地质储量/万吨	预计可采储量/万吨	原油类型	探井进尺/千米	三维地震工作量/平方千米	集输管线长度/千米
详探项目	项目 22	400	2000	123.0	稀油	6000	30	17
	项目 23	600	3000	233.4	稀油	8000		22
	项目 24	100	578	57.8	稀油	6100		19
	项目 25	630	2981	447.2	稀油	23000	150	12

表 5-10　项目 14 前期勘探工作量汇总表

年份	2010	2011	2012	2013	2014	2015
二维地震/千米						324
三维地震/平方千米	333.55	72.93	167.27		142.11	
钻井/米		21310	8936	9143	14758	31048

表 5-11　项目 14 方案一工作量

年份	2016	2017	2018
三维地震/平方千米	160		
探井进尺/米	38212	20000	10000

表 5-12　项目 14 方案二工作量

年份	2016	2017	2018
三维地震/平方千米	90	70	
探井进尺/米	37000	20000	11212

表 5-13　项目 14 方案三工作量

年份	2016	2017	2018
三维地震/平方千米	160		
探井进尺/米	40212	18000	10000

表 5-14　项目 14 方案四工作量

年份	2016	2017	2018
三维地震/平方千米	80	80	
探井进尺/米	38200	18012	12000

表 5-15　项目 14 探明储量和采收率

圈闭名	最大值	概率	最可能值	概率	最小值	概率
探明储量	2500 万吨	20%	2024 万吨	70%	1500 万吨	10%
采收率	30%	10%	15%	80%	10%	10%

二、油气藏评价项目效益评价参数估测

（一）勘探总投资换算系数

油气勘探总投资 = 探井、地震总投资 × 勘探总投资换算系数

以油田 2007～2015 年的实际数据为基础测算勘探总投资换算系数，具体如图 5-1 所示。

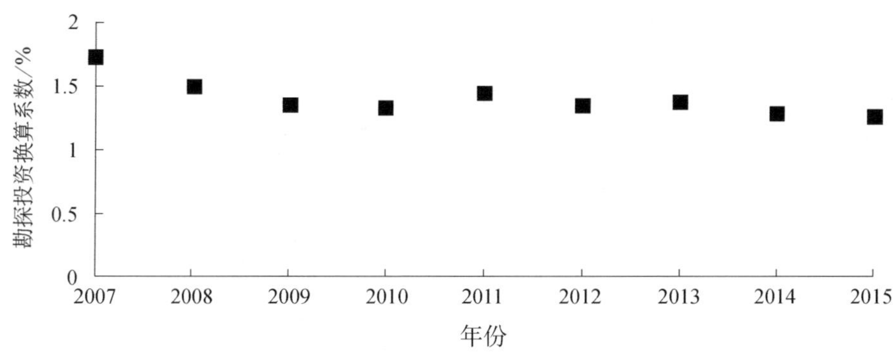

图 5-1　某油田 2007～2015 年勘探总投资换算系数

由图 5-1 可以看出，2007 年的勘探总投资换算系数较大，但 2012～2015 年变化较平稳，因此用 2012～2015 年勘探总投资换算系数的平均值作为预测值。

勘探总投资换算系数 =（1.35+1.38+1.30+1.27）/4 = 1.325

（二）勘探投资单位成本

勘探投资主要包括二维地震、三维地震和探井投资，勘探投资单位成本依据油田 2007～2015 年实际数据进行预测。

1.探井单位成本预测

2007～2015 年的探井单位成本见图 5-2。

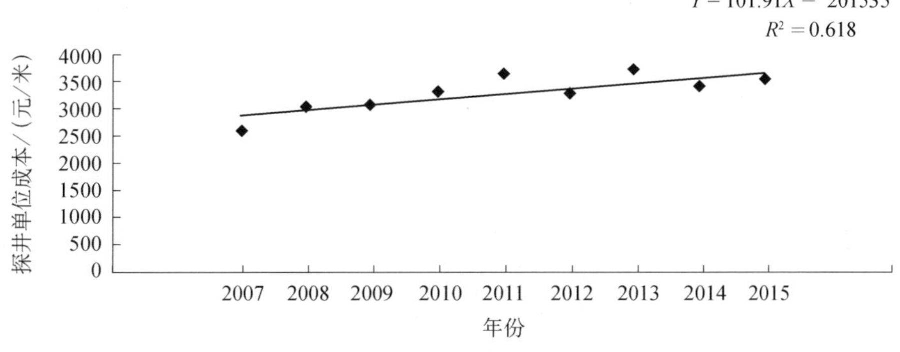

图 5-2　探井单位成本趋势图

由图 5-2 可以看出，近几年探井单位成本基本趋势是上升的，对近几年探井单位成本进行回归分析，时间序列公式为 $Y = 101.91X - 201535$。

2.二维地震单位成本预测

由图 5-3 可以看出，二维地震单位成本呈上升走势，去除异常值后进行回归分析，得到二维地震单位成本时间序列公式为 $Y = 0.2604X - 520.65$。

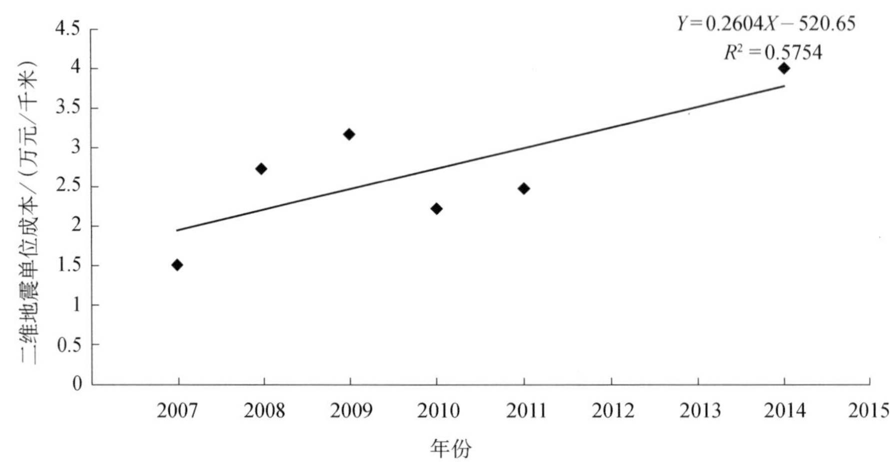

图 5-3　修正后的二维地震单位成本趋势图

3.三维地震单位成本预测

由图 5-4 可以看出，油田三维地震单位成本趋势基本是一条上升的直线，按这个趋势分析然后进行调整，预测 2016 年、2017 年和 2018 年三维地震单位成本为 41.5 万元/千米 ^{2}、42.5 万元/千米 ^{2} 和 43 万元/千米 ^{2}。

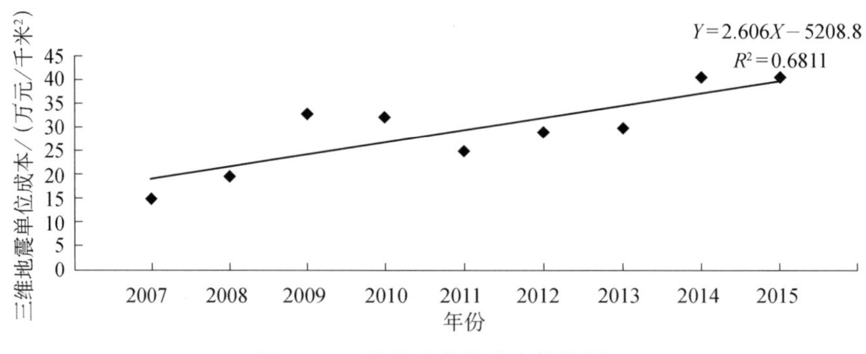

图 5-4　三维地震单位成本趋势图

（三）效益评价中所用参数选值汇总

结合第三章参数的选值，油气藏勘探评价项目中效益各参数选值汇总见表 5-16。

表 5-16　评价中参数取值汇总表

项目	数值
二维地震成本/（万元/千米）	$Y = 0.2604X - 520.65$
三维地震成本/（万元/平方千米）	41.5、42.5、43
探井进尺成本/（元/米）	$Y = 101.91X - 201535$
基准折现率/%	12
原油商品率/%	96.53
勘探总投资换算系数/%	1.325
原油价格/（元/吨）	3250
产量综合递减率/%	6.5
单位产能建设投资/（元/吨）	4000
单位完全成本/（元/吨）	$Y = 73.808X + 590.36$
吨油税费/（元/吨）	213

三、油气藏评价项目效益评价指标测算

（一）定性指标的测算

定性指标包括地质风险、工程风险、项目对区域经济实力的影响等，这些指标难以采用技术方法进行定量分析，需要由专家打分进行测评。具体步骤是：首先，根据油田实际设定评价角度，确定打分标准；然后，确定打分方法；最后，由专家打分，得出评价值。专家打分方法可以选择德尔菲法或头脑风暴法，具体看时间要求及邀请的专家构成，如果时间要求紧，各专家间不具有直属上下级关系，用头脑风暴法，如果时间要求不太紧，或专家间具有直属上下级关系，可选用德尔菲法。

1.项目地质风险评价

项目地质风险的评价包括两个方面：一是含油气概率；二是地质认识能力。

1）含油气概率分析

首先应根据油田实际给出打分标准（表 4-1）打分，打分结果见表 5-17。

表 5-17 项目含油气概率评价表

成藏条件		预测值	概率
烃源条件	与油源距离/千米	2	0.8
	生烃强度/（10^4吨/平方千米）	2000	0.9
储集条件	储层厚度/米	100	0.9
	储层孔隙度/%	4	0.9
盖层条件	盖层封闭性能	好	0.95
运移条件	运移通道发育情况（不整合面、断裂、疏导层）	比较发育	0.9
配套条件	圈闭形成与生、排烃高峰的时间配置	圈闭形成在前	0.9
保存条件	构造保存条件	没受到破坏	0.9

$$项目的含油气概率 = 0.8×0.9×0.95×0.9×0.9×0.9×0.9×0.9 \approx 0.41$$

2）地质认识能力分析

根据表 4-2 打分，项目 14 的地质认识能力打分结果见表 5-18。

表 5-18 项目 14 圈闭地质认识能力评分表

评价方面	圈闭控制程度	地震资料品质	钻探资料
项目情况	有三维地震	地震资料分辨率高；反射能够连续追踪，断点、尖灭点清晰可辨；基本无闭合差	同一个二级构造带上有探井资料可供标定
评分	0.9	0.95	0.9

$$项目 14 的地质认识能力 = 0.9×0.95×0.9 \approx 0.77$$

$$项目地质风险 =1-0.77×0.41= 0.6843$$

项目地质风险是根据项目所在地的地质情况进行判断，因此，同一项目各方案的地质风险基本相同。

2.工程风险估测

工程风险估测步骤：首先请工程技术专家根据项目采用的勘探开发技术及项目具体情况，给出工程技术适用性标准（表 4-3），然后采用德尔菲法或头脑风暴法进行打分，最后由项目负责人对专家意见进行统计、处理、分析和归纳，客观地综合多数专家经验与主观判断（表5-19），得到最终结论。

表 5-19　圈闭工程风险评价表

评价参数	权重系数	××项目		
		基础数据	要素评价	综合评价
工程技术难度	0.4	现有的钻井设备能够满足勘探要求	1	0.91
地理环境	0.3	区内地势低洼且平坦，海拔在 60 米以下，一般为 0～10 米，区内水系十分发达，主要有河流、湖泊等。气候温和，雨水充足，区内有一定的环保要求	0.8	
交通状况	0.3	交通便利，主要是水运和公路，经济较为发达	0.9	

因此，项目工程风险＝1−0.91＝0.09。

3.项目对区域经济实力的影响

项目对区域经济实力的影响评价思路为：第一步，选择影响区域经济实力的因素指标；第二步，根据各地统计年鉴，确定各项目指标值；第三步，按项目各指标值大小将指标分为四级，每级的指标平均值为优、良、中、差的标准值，然后采用模糊综合评价和层次分析法相结合评价区域经济实力；第四步，评价项目对区域经济实力的影响，区域经济实力越强，则项目对区域经济实力的影响就越弱。由于选择的油藏评价项目都属于同一区域，各项目该指标相同，不必评价该指标。表 5-20 仅列出区域经济实力的影响因素。

表 5-20　区域经济实力的影响因素

评价指标	项目 1	项目 2	项目 3	…	项目 *n*
GDP/万元					
地方财政收入/万元					
社会消费品零售总额/万元					
全社会固定资产投资额/万元					
企业总产值/万元					
货运总量/万吨					
人均 GDP/元					
人均纯收入/元					
人均财政收入/元					
全部职工平均工资/元					
第三产业产值占 GDP 的比重/%					
工业总产值与农业总产值的比率/%					

（二）定量指标的测算

油气藏评价项目经济评价方法采用贴现现金流量法，通过构建项目现金流量表，计算方案的净年值、净年值率、内部收益率、吨可采储量投资、动态投资回收期、平均投资利税率、净年值标准离差率、内部收益率标准离差率等价值量指标。

由于评价中所用的原油价格、油气可采储量、油气单位成本、勘探投资、开发投资都是基于预测的，存在不确定性，对方案进行经济评价时要考虑这些不确定性，因此采用蒙特卡洛（Monte Carlo）模拟，计算各指标的期望值，这样能更真实地反映油气藏评价项目的效益和风险。

蒙特卡洛模拟是一种随机模拟方法，该方法不同于确定性分析，可以用来解决工程与经济中的随机问题。蒙特卡洛模拟方法是通过成千上万次的模拟，获得相应概率的分布，通过对大量实验样本进行统计规律分析，得到满足一定精度的结果。

在油气藏评价项目经济评价中，假设不确定性因素呈正态分布，进行 10000 次模拟可得到各评价指标的期望值。

根据以上分析，可得项目 14 各方案的经济评价指标值，具体见表 5-21。

表 5-21　油气藏评价项目各方案经济评价指标期望值

评价指标		方案一	方案二	方案三	方案四
经济效益指标	净年值/万元	13206.36	13193.77	13249.72	13184.25
	净年值率/%	11.00	10.88	11.08	10.88
	内部收益率/%	27.98	27.54	28.17	27.56
	动态投资回收期/年	7.01	7.04	6.99	7.04
	吨可采储量投资/元	544.18	544.18	544.18	544.18
	平均投资利税率/%	22.11	22.14	22.15	22.13
	米进尺获储量/（吨/千米）	44.1	44.1	44.1	44.1
社会效益指标	项目净现值/万元	94024.38	93934.79	94333.10	93867.00
	项目利税总额/万元	548127.19	551349.20	548120.30	550829.90
环境效益指标	单位储量占地面积/（平方千米/万吨）	0.87	0.87	0.87	0.87
	集输管线长度/千米	10	10	10	10
	单位面积钻井进尺/（千米/平方千米）	0.46	0.46	0.46	0.46
风险评价指标	净年值标准离差率/%	18.68	18.01	17.90	18.11
	内部收益率标准离差率/%	7.75	7.40	7.55	7.35
	地质风险/%	68.51	68.51	68.51	68.51
	工程风险/%	9	9	9	9

四、油气藏评价项目各方案优选指标选择

油气勘探项目多方案优选只需比较各方案的差异，各方案相同之处不需考虑，这样既能减少不必要的工作量，又能对差异部分更加关注，使比较的结果更适用。基于这个思想，方案优选只需比较各方案指标值不同的指标即可。由表 5-21 可以看出，不同方案的动态投资回收期、吨可采储量投资、平均投资利税率、米进尺获储量、单位储量占地面积、集输管线长度、单位面积钻井进尺、工程技术风险和地质风险的指标值均相同，因此在进行多方案优选时，选用指标只包括方案净年值、净年值率、内部收益率、项目净现值、项目利税总额、净年值标准离差率和内部收益率标准离差率指标，具体如表 5-22 所示。

表 5-22　多方案优选评价指标期望值

评价指标		方案一	方案二	方案三	方案四
经济效益指标	净年值/万元	13206.36	13193.77	13249.72	13184.25
	净年值率/%	11.00	10.88	11.08	10.88
	内部收益率/%	27. 98	27.54	28.17	27.56
	投资回收期/年	7.01	7.04	6.99	7.04
	平均投资利税率/%	22.11	22.14	22.15	22.13
社会效益指标	项目净现值/万元	94024.38	93934.79	94333.10	93867.00
	项目利税总额/万元	548127.19	551349.20	548120.30	550829.90
风险评价指标	净年值标准离差率/%	18.68	18.01	17.90	18.11
	内部收益率标准离差率/%	7.75	7.40	7.55	7.35

由表 5-22 可以看出，各方案净年值的期望值均大于零，内部收益率均大于基准收益率，因此四个方案经济上均可行。

如果不采用多属性决策方法，仅由传统的净年值法进行方案优选，由表 5-22 可以看出，四个方案从优到劣的排序为方案三、方案一、方案二、方案四，如果再考虑净年值标准离差率指标，由净年值标准离差率指标看，四个方案从优到劣的排序为方案三、方案二、方案四、方案一，这两个指标对方案排序得出的结论不同，因此需综合评价，综合考虑各方案评价指标值，进行方案优选。

五、运用组合赋权法确定各指标权重

（一）运用层次分析法确定主观权重

由于各指标对油气藏评价项目的影响不同，而且在企业不同的发展时期，决策者的侧重点不同，确定权重时应考虑决策者的偏好，选用层次分析法确定各指标权重，这样既能反映决策者的决策意图，又能消除个别决策者的偏见，使最终结果较符合实际。

运用层次分析法确定各指标权重，首先应构造专家判断矩阵，构造判断矩阵，可咨询多位专家后形成，专家咨询的本质在于专家渊博的知识和丰富的经验，借助于众多相关因素的两两比较，转化成决策所需的有用信息。

下面以经济效益指标为例说明判断矩阵构建（表 5-23），用层次分析法确定的指标权重及一致性判断，直接给出了各指标权重（表 5-24）。

表 5-23　经济效益指标判断矩阵表

	净年值	净年值率	内部收益率	投资回收期	平均投资利税率
净年值	1	1/2	1/3	5	7
净年值率	2	1	1/2	6	8
内部收益率	3	2	1	7	9
投资回收期	1/5	1/6	1/7	1	2
平均投资利税率	1/7	1/8	1/9	1/2	1

计算结果为净年值、净年值率、内部收益率、投资回收期平均投资利税率的权重分别为 0.189、0.289、0.436、0.052、0.033，CR=0.025，即判断矩阵具有满意的一致性检验。

表 5-24　层次分析法确定的主观权重

<table>
<tr><th>一级指标</th><th>权重</th><th>二级指标</th><th>权重</th><th>三级指标</th><th>权重</th><th>综合权重</th></tr>
<tr><td rowspan="7">收益</td><td rowspan="7">0.6</td><td rowspan="5">经济效益指标</td><td rowspan="5">0.87</td><td>净年值</td><td>0.189</td><td>0.0989</td></tr>
<tr><td>净年值率</td><td>0.289</td><td>0.1507</td></tr>
<tr><td>内部收益率</td><td>0.436</td><td>0.2277</td></tr>
<tr><td>投资回收期</td><td>0.052</td><td>0.0274</td></tr>
<tr><td>平均投资利税率</td><td>0.033</td><td>0.0174</td></tr>
<tr><td rowspan="2">社会效益指标</td><td rowspan="2">0.13</td><td>项目净现值</td><td>0.5</td><td>0.039</td></tr>
<tr><td>项目利税总额</td><td>0.5</td><td>0.039</td></tr>
<tr><td rowspan="2">风险</td><td rowspan="2">0.4</td><td rowspan="2">风险评价指标</td><td rowspan="2">1</td><td>内部收益率标准离差率</td><td>0.5</td><td>0.2</td></tr>
<tr><td>净年值标准离差率</td><td>0.5</td><td>0.2</td></tr>
</table>

（二）运用熵值法确定客观权重

按照熵值法确定各指标权重，结果见表 5-25。

表 5-25 熵值法确定的客观权重

净年值	净年值率	内部收益率	投资回收期	平均投资利税率	项目净现值	项目利税总额	净年值标准离差率	内部收益率标准离差率
41%	6.83%	10.83%	1.04%	0.05%	0.41%	0.84%	31.10%	48.49%

（三）最终综合权重确定

根据组合赋权法，按照公式 $w_j = \dfrac{a_j b_j}{\sum_{j=1}^{n} a_j b_j}$ 计算各指标值权重，见表 5-26。

表 5-26 组合赋权法确定的综合权重 （单位：%）

	净年值	净年值率	内部收益率	投资回收期	平均投资利税率	项目净现值	项目利税总额	内部收益率标准离差率	净年值标准离差率
主观权重	9.89	15.07	22.77	2.74	1.74	3.90	3.90	20.00	20.00
客观权重	0.41	6.83	10.83	1.04	0.05	0.41	0.84	31.10	48.49
综合权重	0.21	5.27	12.62	0.15	0	0.08	0.17	31.84	49.66

六、运用模糊综合评价方法进行方案优选

（一）因素集设定

依据油气藏评价项目效益评价指标体系，因素集分为以下三层。

第一层为

$$U = \{U_1，U_2\} = \{收益，风险\}$$

第二层为

$$U_1 = \{U_{11}，U_{12}\} = （经济效益，社会效益）$$

$$U_2 = \{U_{21}\} = （经济风险指标）$$

第三层为

$$U_{11} = \{U_{111}，U_{112}，U_{113}\} = （净年值，净年值率，内部收益率投资回收期、平均投资利税率）$$

$$U_{12} = \{U_{121}，U_{122}\} = （项目净现值，项目利税总额）$$

$$U_{21} = \{U_{211}，U_{212}\} = （内部收益率标准离差率，净年值标准离差率）$$

（二）建立评语集及各级别的对应指标值

评语集是评价者对评价对象可能做出的各种总的评价结果组成的集合，用 V 表示。评语集 $V=\{v_1,v_2,\cdots,v_n\}$ ，由于单个油气勘探项目的方案较少，将每一个指标 R_i 也划分为三个档次：优、中、差，得到评语集 $V=\{v_1,v_2,v_3\}$ 。

定量指标可以分为两类：一类是正向指标，即指标值越大越好；另一类是负向指标，即指标值越小越好。评语集可以根据具体情况，通过反复征求专家意见，确定各等级对应的指标值。本案例因为只有四个方案，数据有限，评语集各级别指标值的确定较简单。对正向指标而言，评价因素（评价指标）四个方案值的最大值、平均值、最小值分别对应优、中、差，v_1 是四个方案指标值中的最大者，v_2 是四个方案指标值的平均值，v_3 是四个方案指标值的最小值；对负向指标而言，评价因素（评价指标）四个方案值的最小值、平均值、最大值分别对应优、中、差，v_1 是四个方案指标值中的最小者，v_2 是四个方案指标值的平均值，v_3 是四个方案指标值的最大值。

（三）单因素模糊评价

设 u_{ij} 是第 i 个方案第 j 个评价指标的指标值，s_j 为第 j 个指标四个方案的最小值，b_j 为第 j 个指标四个方案中的最大值，a_j 为第 j 个指标四个方案中的平均值。下面对正向、负向两类指标加以分析。

1.正向指标 u_{ij}

当指标值 $u_{ij}\geqslant b_j$ 时，评价为优的隶属度为 1，评价为中、差的隶属度均为 0。

当指标值 $u_{ij}\leqslant s_j$ 时，评价为差的隶属度为 1，评价为优、中的隶属度均为 0。

当指标值 $a_j>u_{ij}>s_j$ 时，评价为差的隶属度 =（$u_{ij}-a_j$）/（s_j-a_j），评价为中的隶属度 =（$s_{ij}-u_j$）/（s_j-a_j）。

当指标值 $b_j>u_{ij}>a_j$ 时，评价为优的隶属度 =（a_j-u_{ij}）/（a_j-b_j），评价为中的隶属度 =（$u_{ij}-b_j$）/（a_j-b_j）。

2.负向指标 u_{ij}

当指标值 $u_{ij}\geqslant b_j$ 时，评价为差的隶属度为 1，评价为中、差的隶属度均为 0。

当指标值 $u_{ij}\leqslant s_j$ 时，评价为优的隶属度为 1，评价为优、中的隶属度均为 0。

当指标值 $a_j>u_{ij}>s_j$ 时，评价为优的隶属度 =（$u_{ij}-a_j$）/（s_j-a_j），评价为中的隶属度 =（$s_{ij}-u_j$）/（s_j-a_j）。

当指标值 $b_j>u_{ij}>a_j$ 时，评价为差的隶属度 =（a_j-u_{ij}）/（a_j-b_j），评价为中

的隶属度 =（u_{ij}−b_j）/（a_j−b_j）。

项目 14 各方案指标值的评价向量具体见表 5-27～表 5-30。

表 5-27　方案一各指标评价向量值

	优	中	差
净年值	0	0.9108	0.0892
净年值率	0.3333	0.6667	0
内部收益率	0.4685	0.5315	0
投资回收期	0.3333	0.6667	0
平均投资利税率	0	0	1
项目净现值	0	0.9107	0.0894
项目利税总额	0	0.0046	0.9954
净年值标准离差率	0	0	1
内部收益率标准离差率	0	0	1

表 5-28　方案二各指标评价向量值

	优	中	差
净年值	0	0.3922	0.6078
净年值率	0	0	1
内部收益率	0	0	1
投资回收期	0	0	1
平均投资利税率	0.4286	0.5714	0
项目净现值	0	0.3923	0.6077
项目利税总额	1	0	0
净年值标准离差率	0.6	0.4	0
内部收益率标准离差率	0.6782	0.3218	0

表 5-29　方案三各指标评价向量值

	优	中	差
净年值	1	0	0
净年值率	1	0	0
内部收益率	1	0	0
投资回收期	1	0	0
平均投资利税率	1	0	0
项目净现值	1	0	0
项目利税总额	0	0	1
净年值标准离差率	1	0	0
内部收益率标准离差率	0	0.8443	0.1557

表 5-30　方案四各指标评价向量值

	优	中	差
净年值	0	0	1
净年值率	0	0	1
内部收益率	0	0.0734	0.9266
投资回收期	0	0	1
平均投资利税率	0	0.8889	0.1111
项目净现值	0	0	1
项目利税总额	0.702	0.298	0
净年值标准离差率	0.2364	0.7636	0
内部收益率标准离差率	1	0	0

（四）多因素模糊综合评价

将单因素评价矩阵分别与权重集进行模糊变换，即得模糊综合评价模型：$b=A\text{o}R$，因此可得勘探方案评价结果（表 5-31）。

表 5-31　勘探方案评价结果

	优	中	差
方案一	0.1661	0.3655	0.4685
方案二	0.3021	0.2084	0.4896
方案三	0.7611	0.1689	0.0701
方案四	0.2747	0.1965	0.5289

本书对评语集{优，中，差}分别赋分 90、75、45，则各方案的模糊综合评价得分为 F_1=63.44，F_2=64.85，F_3=84.32，F_4=63.26，四个方案综合评价从优到劣顺序为：方案三、方案一、方案四、方案二，因此该油气藏评价项目选择方案三为最优方案。

第三节　油气藏评价项目综合评价实例研究

该凹陷有 25 个勘探项目可供投资，由于存在资金约束和储量约束，需在对各项目进行经济评价的基础上，运用多属性决策方法对各项目进行综合评价。

一、油气藏评价项目多属性综合评价指标值

油气藏评价项目综合评价主要是分析各项目间的差异，由于所选项目都在同一个凹陷，项目所在地的区域经济实力相同，“项目对区域经济的影响”指标不再考虑；又由于该凹陷已经过 40 多年的勘探开发，勘探程度较高，基本不再用二维地震，某些项目也不再用三维地震，因此在油气勘探项目经济评价指标中的单位面积二维地震工作量和单位面积三维地震工作量指标不再入选。

经济评价指标有定量指标和定性指标，定量指标通过构建现金流量估测，定性指标通过专家打分法估测，测算思路同前所述。各项目评价指标值见表 5-32。

表 5-32　项目经济评价指标

项目	净年值/万元	净年值率/%	内部收益率/%	动态投资回收期/年	平均投资利税率/%	吨可采储量投资/（元/吨）	米进尺获储量/（吨/米）
项目 1	5092.902	0.212	0.385	4.871	0.300	432.145	382.778
项目 2	2551.716	0.210	0.383	4.869	0.299	432.108	283.333
项目 3	40763.479	0.224	0.404	4.760	0.309	419.844	491.818
项目 4	3222.918	0.204	0.374	4.934	0.295	439.413	160.714
项目 5	6836.179	0.184	0.346	5.185	0.280	463.723	99.320
项目 6	27302.941	0.225	0.404	4.758	0.310	419.949	605.550
项目 7	21129.869	0.227	0.408	4.739	0.311	417.597	558.600
项目 8	11857.203	0.212	0.385	4.875	0.300	432.618	201.000
项目 9	20318.999	0.215	0.390	4.843	0.303	429.383	268.824
项目 10	16149.186	0.195	0.361	5.049	0.288	450.610	114.100
项目 11	3068.981	0.173	0.331	5.308	0.272	474.994	91.400
项目 12	15759.254	0.227	0.409	4.733	0.312	416.964	648.125
项目 13	2286.579	0.218	0.394	4.804	0.305	425.066	310.000
项目 14	13249.720	0.111	0.282	6.992	0.222	544.184	44.100
项目 15	2074.012	0.199	0.381	4.890	0.298	434.523	186.667
项目 16	5853.120	0.223	0.402	4.772	0.308	421.401	386.500
项目 17	7364.910	0.221	0.398	4.793	0.307	423.283	326.667
项目 18	49536.296	0.217	0.393	4.830	0.304	427.738	334.300
项目 19	17200.197	0.202	0.371	4.969	0.293	443.077	141.065
项目 20	1343.048	0.200	0.368	4.990	0.292	445.034	134.286
项目 21	2081.087	0.141	0.291	5.737	0.248	514.798	111.000
项目 22	8793.497	0.199	0.368	4.993	0.291	445.494	205.000
项目 23	17311.881	0.218	0.395	4.812	0.305	425.572	291.750

续表

项目	净年值/万元	净年值率/%	内部收益率/%	动态投资回收期/年	平均投资利税率/%	吨可采储量投资/（元/吨）	米进尺获储量/（吨/米）
项目 24	8727.855	0.199	0.368	4.995	0.291	445.837	94.754
项目 25	31623.507	0.194	0.360	5.065	0.287	452.441	194.435

项目	项目净现值/万元	项目利税总额/万元	单位面积钻井进尺/米	单位储量占地面积/平方米	集输管线长度/千米	净年值标准离差率/%	内部收益率标准离差率/%	地质风险/%	工程风险/%
项目 1	31547.340	134961.60	50.000	0.522	18.000	0.156	0.028	0.231	0.100
项目 2	15806.282	67593.23	54.545	0.647	7.000	0.317	0.043	0.611	0.080
项目 3	252504.240	1054838.51	27.500	0.739	12.000	0.035	0.023	0.456	0.080
项目 4	19963.963	86587.53	45.161	1.378	21.000	0.249	0.039	0.562	0.090
项目 5	42345.849	193041.69	50.000	2.014	3.000	0.110	0.026	0.333	0.110
项目 6	169124.630	706289.90	31.579	0.523	5.600	0.044	0.022	0.543	0.120
项目 7	130886.310	544400.48	44.248	0.405	7.000	0.049	0.023	0.325	0.099
项目 8	73447.950	314477.60	56.738	0.877	10.000	0.071	0.023	0.436	0.013
项目 9	125863.480	535201.27	77.863	0.478	7.000	0.049	0.022	0.348	0.080
项目 10	100034.100	444343.67	47.619	1.840	6.000	0.061	0.023	0.545	0.070
项目 11	19010.415	88783.08	16.667	6.565	6.000	0.253	0.058	0.552	0.080
项目 12	97618.718	405523.65	28.571	0.540	2.000	0.058	0.024	0.445	0.090
项目 13	14163.924	59729.69	25.000	1.290	11.000	0.299	0.037	0.548	0.070
项目 14	94333.100	548120.30	44.559	1.155	8.000	0.179	0.076	0.685	0.090
项目 15	12530.944	53890.43	88.235	0.607	13.000	3.052	0.006	0.259	0.060
项目 16	36256.418	151842.58	25.316	1.022	15.000	0.137	0.024	0.325	0.110
项目 17	45621.009	191933.70	58.824	0.520	12.000	0.113	0.023	0.452	0.120
项目 18	306846.350	1301134.00	22.222	1.346	12.000	0.034	0.021	0.289	0.080
项目 19	106544.450	465765.30	93.889	0.755	7.000	0.057	0.023	0.379	0.060
项目 20	8319.342	36532.58	46.667	1.596	3.000	0.120	0.026	0.327	0.070
项目 21	12891.034	65783.40	37.500	2.402	8.000	0.366	0.122	0.349	0.050
项目 22	54470.213	239363.53	15.000	3.252	17.000	0.093	0.024	0.342	0.060
项目 23	107236.200	453003.07	13.333	2.571	21.500	0.055	0.024	0.348	0.090
项目 24	54063.598	237678.49	61.000	1.730	19.000	0.095	0.025	0.341	0.100
项目 25	195887.830	872786.10	36.508	1.409	12.200	0.042	0.024	0.492	0.080

二、运用组合赋权法确定权重

（一）运用层次分析法确定各指标主观权重

首先构造判断矩阵，然后运用层次分析法确定各指标权重。

由权重判断矩阵（表 5-33～表 5-39）可得各指标权重及综合权重，具体见表 5-40。

表 5-33 收益风险指标判断矩阵表

判断矩阵	收益	风险
收益	1	3/2
风险	2/3	1

表 5-34 收益指标权重

判断矩阵	经济效益	社会效益	环境效益
经济效益	1	5	5
社会效益	1/5	1	1/2
环境效益	1/5	2	1

表 5-35 经济效益指标判断矩阵表

判断矩阵	净年值	净年值率	内部收益率	动态投资回收期	平均投资利税率	吨可采储量投资	米进尺获储量
净年值	1	2/3	1	4	5	3	4
净年值率	1.5	1	1.5	5	6	4	5
内部收益率	1	2/3	1	4	5	3	4
动态投资回收期	1/4	1/5	1/4	1	2	1/2	1
平均投资利税率	1/5	1/6	1/5	1/2	1	1/2	1/2
吨可采储量投资	1/3	1/4	1/3	1	2	1	2
米进尺获储量	1/4	1/5	1/4	1	2	1/2	1

表 5-36 社会效益指标判断矩阵

判断矩阵	项目净现值	项目利税总额
项目净现值	1	1
项目利税总额	1	1

表 5-37 环境效益指标判断矩阵

判断矩阵	单位面积钻井进尺	单位储量占地面积	集输管线长度
单位面积钻井进尺	1	1	1
单位储量占地面积	1	1	1
集输管线长度	1	1	1

表 5-38　经济风险指标判断矩阵

判断矩阵	经济风险指标	工程风险指标	地质风险指标
经济风险指标	1	5	1
工程风险指标	1/5	1	1/5
地质风险指标	1	5	1

表 5-39　风险评价指标判断矩阵

判断矩阵	净年值标准离差率	内部收益率标准离差率
净年值标准离差率	1	1
内部收益率标准离差率	1	1

表 5-40　运用层次分析法确定各指标主观权重

<table>
<tr><th>一级指标</th><th>权重</th><th>二级指标</th><th>权重</th><th>三级指标</th><th>权重</th><th>主观权重/%</th></tr>
<tr><td rowspan="12">收益</td><td rowspan="12">0.6</td><td rowspan="7">经济效益指标</td><td rowspan="7">0.709</td><td>净年值</td><td>0.227</td><td>9.66</td></tr>
<tr><td>净年值率</td><td>0.308</td><td>13.10</td></tr>
<tr><td>内部收益率</td><td>0.227</td><td>9.66</td></tr>
<tr><td>动态投资回收期</td><td>0.059</td><td>2.51</td></tr>
<tr><td>平均投资利税率</td><td>0.040</td><td>1.70</td></tr>
<tr><td>吨可采储量投资</td><td>0.080</td><td>3.40</td></tr>
<tr><td>米进尺获储量</td><td>0.059</td><td>2.51</td></tr>
<tr><td rowspan="2">社会效益指标</td><td rowspan="2">0.113</td><td>项目净现值</td><td>0.500</td><td>3.39</td></tr>
<tr><td>项目利税总额</td><td>0.500</td><td>3.39</td></tr>
<tr><td rowspan="3">环境效益指标</td><td rowspan="3">0.179</td><td>单位面积钻井进尺</td><td>0.330</td><td>3.54</td></tr>
<tr><td>单位储量占地面积</td><td>0.330</td><td>3.54</td></tr>
<tr><td>集输管线长度</td><td>0.340</td><td>3.65</td></tr>
<tr><td rowspan="4">风险</td><td rowspan="4">0.4</td><td rowspan="2">经济风险指标</td><td rowspan="2">0.455</td><td>净年值标准离差率</td><td>0.500</td><td>9.10</td></tr>
<tr><td>内部收益率标准离差率</td><td>0.500</td><td>9.10</td></tr>
<tr><td>地质风险指标</td><td>0.455</td><td>地质风险指标</td><td>1.000</td><td>18.20</td></tr>
<tr><td>工程风险指标</td><td>0.091</td><td>工程风险指标</td><td>1.000</td><td>3.64</td></tr>
</table>

（二）运用熵值法确定各指标客观权重

根据各项目指标值及熵值法计算原理，运用熵值法确定的客观权重见表 5-41。

表 5-41　运用熵值法确定各指标客观权重　　（单位：%）

指标名称	净年值	净年值率	内部收益率	动态投资回收期
客观权重	11.69	0.30	0.12	0.12
指标名称	平均投资利税率	吨可采储量投资	米进尺获储量	项目净现值
客观权重	0.08	0.07	5.84	11.64
指标名称	项目利税总额	单位面积钻井进尺	单位储量占地面积	集输管线长度
客观权重	11.33	3.53	8.90	4.36
指标名称	净年值标准离差率	内部收益率标准离差率	地质风险	工程风险
客观权重	33.75	5.62	1.20	1.47

（三）组合赋权法综合权重的确定

根据组合赋权法，按照公式 $w_j = \dfrac{a_j b_j}{\sum_{j=1}^{n} a_j b_j}$ 计算各指标值权重，见表 5-42。

表 5-42　最终综合权重　　（单位：%）

指标	客观权重	主观权重	综合权重
净年值	11.69	9.66	17.20
净年值率	0.30	13.10	0.60
内部收益率	0.12	9.66	0.18
动态投资回收期	0.12	2.51	0.05
平均投资利税率	0.08	1.70	0.02
项目净现值	11.64	3.39	6.01
项目利税总额	11.33	3.39	5.85
米进尺获储量	5.84	2.51	2.23
吨可采储量投资	0.07	3.40	0.04
单位面积钻井进尺	3.53	3.54	1.90
单位储量占地面积	8.90	3.54	4.80
集输管线长度	4.36	3.65	2.42
净年值标准离差率	33.75	9.10	46.78
内部收益率标准离差率	5.62	9.10	7.79
地质风险指标	1.20	18.20	3.33
工程风险指标	1.47	3.64	0.81

三、油气藏评价项目模糊综合评价

将每一个指标划分为三个档次——优、中、差，得到评语集 $V=\{v_1, v_2, v_3\}$，然后进行单因素模糊评价。单因素模糊评价的思路同前，表 5-43 只列示项目 1 的单因素模糊评价结果，其他项目暂不列示。

表 5-43　项目 1 的单因素模糊分析　（单位：%）

指标	优	中	差
净年值	0	30.44	69.56
净年值率	40.00	60.00	0
内部收益率	31.35	68.65	0
动态投资回收期	0	47.65	52.35
平均投资利税率	36.17	63.83	0
项目净现值	0	30.26	69.74
项目利税总额	0	29.50	70.50
米进尺获储量	30.44	69.56	0
吨可采储量投资	41.94	58.06	0
单位面积钻井进尺	0	87.87	12.13
单位储量占地面积	88.78	11.22	0
集输管线长度	0	31.91	68.09
净年值标准离差率	41.84	58.16	0
内部收益率标准离差率	16.54	83.46	0
地质风险	100	0	0
工程风险	0	52.74	47.26

将单因素评价矩阵分别与权重集进行模糊变换，即得模糊综合评价模型：$B=AoR$，因此可得勘探项目评价结果。$B_1=$（29.45%，47.99%，22.57%），设优、中、差的得分别是 90、75、40，则项目 1 的综合得分为 $F_1=71.53$。

25 个项目的综合评价结果见表 5-44。

表 5-44　项目总的模糊综合评价结果

项目	优/%	中/%	差/%	综合评价值
项目 1	29.45	47.99	22.57	71.53
项目 2	5.07	63.73	31.21	64.84

续表

项目	优/%	中/%	差/%	综合评价值
项目 3	77.51	21.68	0.81	86.35
项目 4	0.37	68.94	30.69	64.32
项目 5	35.39	45.42	19.20	73.60
项目 6	67.71	29.91	2.40	84.33
项目 7	62.14	37.45	0.42	84.18
项目 8	45.20	49.04	5.77	79.77
项目 9	59.04	39.65	1.32	83.40
项目 10	47.02	49.32	3.68	80.77
项目 11	3.01	61.22	35.78	62.94
项目 12	56.09	43.40	0.52	83.24
项目 13	2.82	67.24	29.94	64.95
项目 14	17.93	71.13	10.96	73.86
项目 15	14.81	7.94	77.26	50.19
项目 16	32.47	47.36	20.18	72.82
项目 17	37.17	45.70	17.14	74.59
项目 18	84.24	15.42	0.36	87.52
项目 19	52.48	44.36	3.17	81.77
项目 20	33.40	35.94	30.66	69.29
项目 21	2.77	57.19	40.05	61.41
项目 22	39.53	45.22	15.26	75.60
项目 23	51.30	45.04	3.68	81.41
项目 24	36.75	46.69	16.57	74.72
项目 25	62.90	35.03	2.07	83.72

根据模糊综合评价结果，项目综合得分从小到大排序为：项目 15、项目 21、项目 11、项目 4、项目 2、项目 13、项目 20、项目 1、项目 16、项目 5、项目 14、项目 17、项目 24、项目 22、项目 8、项目 10、项目 23、项目 19、项目 12、项目 9、项目 25、项目 7、项目 6、项目 3、项目 18。

油气勘探项目投资组合多目标规划研究

第六章

随着我国经济的发展，油气资源的瓶颈问题越来越突出。老油田的勘探对象已经转向小油气藏、隐蔽油气藏和复杂油气藏，勘探难度逐年增加，对勘探技术的要求越来越高，勘探投资增加，新增储量压力加大，因此如何使用好有限的勘探资金，提高勘探投资效益，为油田企业提供充足的后备储量，为油田稳产增产打好基础就成为重中之重。在这种形式下，做好勘探项目投资组合优化工作，优化配置勘探资金，使勘探投资发挥最大效益，这是公司决策层在众多的投资机会面前所面临的艰巨任务。现阶段，我国对勘探项目投资组合的理论研究较少，在实践中应用也较少。

油田处在不同的勘探开发阶段，油田发展战略不同，面临的勘探项目不同，决策时考虑的角度也不同。假如油田处于开发中后期，面临的油气勘探项目主要是预探项目和油气藏项目，决策者考虑更多的可能是勘探项目的收益与风险；如果处于勘探开发前期或中期，勘探项目既有区域勘探项目，也有预探项目和油气藏评价项目，决策者除了考虑项目的收益和风险外，还需考虑合理的储量序列等因素。因此，本书的油气勘探项目投资组合研究分两部分：一是主要针对预探项目和油气藏评价项目的多目标规划研究；二是针对勘探全过程各类项目的多属性决策研究。

本章是针对预探项目和油气藏项目的多目标规划研究，在对现代投资组合理论进行系统研究的基础上，运用投资组合的思想研究油气勘探项目投资组合的理论框架及优化模型。

第一节　油气勘探项目投资组合研究假设

投资组合理论是随着证券投资的发展而发展的，现代投资组合理论都是以证券投资项目为研究基础的，如马克维茨投资组合理论、夏普的单指数模型、资本资产定价模型及套利理论等，在证券投资领域投资组合优化研究成果丰硕，但证券投资组合的理论却不能直接应用于建设项目投资，因为建设项目投资与证券投资之间还有很多区别。

一、油气勘探项目与证券投资项目的区别

1.市场的有效性不同

证券市场的假设是有效市场，即有充足的买者和卖者，信息充足、公开透明，买卖双方都有足够的知识来进行决断，因此证券市场价格能充分反映证券的价值。但建设项目投资却不符合这些条件，特别是油气勘探项目，油气储量深埋地下，油气资源信息具有很大的不确定性，由于投资大、风险高、期限长，买卖双方不会太多，难有公开的市场价格。

2.投资的分割性不同

证券投资具有分割性，证券投资的比例可根据投资者收益和风险的预期进行分割，可多投，也可少投，可投资 1%，也可 100%。但油气勘探项目投资的比例分割不能太随意，一般油气勘探项目虽也可由多方按比例投资，但投资方不会太多，我国油气勘探项目更是如此，对我国油气公司而言，油气勘探项目要么投资，要么不投资，几乎不存在按投资比例分割的问题。

3.投资期限不同

证券投资有活跃的市场，可随时买卖，持有时间可以较短。但油气勘探项目不符合这些条件，无法随意买卖，因此持有时间较长。

二、 油气勘探项目投资组合优化研究假设

1.立即开发假设

如果油气勘探项目技术经济评价证明该项目技术上可行、经济上合理，此时如果资金没有问题，则会对该项目立即进行开发，不考虑其他因素造成的开发后延。如果其他因素造成开发后延，则该项目暂时不属于油气勘探投资组合考虑范围。

2.管理者厌恶风险

风险厌恶者认为从确定性的财富中获得的效用大于在不确定性的财富下获得的效用。如果要让风险厌恶者放弃无风险项目而选择有一定风险的项目，则需要支付给其一定的额外回报作为承担风险的补偿。管理者对风险的回避是指在其不能获得足够的风险补偿前提下对风险的回避。如果能够得到足够的风险补偿，那么在可以承受的范围内，管理者也愿意承担风险。

3.最佳现金流假设

油田企业投资坚持以“经济效益为中心”，追求效益最大化，因此并不是采出的储量越多越好，而是当油气开采的边际收入等于边际成本时，停止开采，这时的现金流为最佳现金流，项目净现值最大。

4.全额投资假设

在我国，油气勘探实行勘探许可证制度，中国石油天然气集团公司、中国石油化工集团公司、中国海洋石油总公司是我国主要的三大国有石油公司，它们各有各的勘探开发领域，之间鲜有交叉，如果某勘探项目决定上马，则是自己100%投资，否则就是 0%的投资，不会按其他比例出资，除非是在海外进行勘探。在不超过投资总资金的前提下，可能会有剩余资金。

第二节　油气勘探项目投资组合优化模型

一、油气勘探项目投资组合目标

油气勘探项目的特点是投资额巨大、风险大、收益高，同时，对油田所在地的经济、社会及生态环境产生很大影响。因此，油气勘探项目投资组合的目标是：对油气勘探项目投资组合进行风险和收益的权衡，通过多样化投资分散风险，确保较高的收益，同时，保护产油地的经济生态环境。因此，油气勘探项目投资组合目标可有以下三种：①风险一定情况下的组合收益最高；②收益一定情况下的组合风险最低；③综合考虑各方面的组合综合评价值最高。

二、油气勘探项目投资组合目标衡量

（一）收益的衡量指标——组合净年值

反映油气勘探项目收益的指标最常见的是净现值和内部收益率，但在研

究油气勘探项目投资组合时，衡量各项目的收益指标却不适合用净现值或内部收益率，原因如下：净现值不能用于投资额和项目期限不同项目间收益的比较，而投资组合中各项目的投资额和投资期限很可能不同，因此净现值不适合用来衡量投资组合的收益；内部收益率可用于投资额和投资期限不同的项目间收益的比较，但投资组合的内部收益的计算比较复杂，特别是入选项目不定时计算组合内部收益率更难，所以内部收益率也不宜用作投资组合优化研究时的收益指标。

净年值可用于投资额和投资期限不同的项目间收益的比较，而且投资组合的净年值比较容易计量，因此投资组合优化时选择净年值指标衡量项目收益。项目组合净年值的计算公式：

$$\mathrm{NAV_P}=\sum_{i=1}^{n}\mathrm{NAV}_i X_i$$

式中，$\mathrm{NAV_P}$ 为项目投资组合净年值；NAV_i 为第 i 个项目的净年值；X_i 为 0 或 1，第 i 个项目入选 X_i 为 1，否则为 0；n 为备选项目个数。

（二）风险的衡量指标——净年值的方差

通常，衡量项目风险的指标用项目净年值方差或标准差，根据项目净年值方差计算项目投资组合净年值的方差，用项目投资组合的净年值方差来衡量项目投资组合的风险。油气勘探项目投资组合方差的计算公式如下：

$$\begin{aligned}\delta_{\mathrm{P}}^2&=\sum_{i=1}^{m}\sum_{j=1}^{m}W_iW_jX_iX_j\delta_{ij}\\&=\sum_{i=1}^{m}W_i^2X_i^2\delta_i^2+\sum_{i\neq j}W_iW_jX_iX_j\delta_{ij}\end{aligned}$$

式中，X_i 为 0 或 1，入选即为 1，不入选则为 0；W_i 为项目 i 的投资在总投资中的比例；δ_i 为项目 i 的净年值的标准差；δ_i^2 为项目 i 的净年值的方差；δ_{P}^2 为项目投资组合净年值的方差。

当投资组合中项目较多时，计算量太大，例如，当 m=25 时，需计算 25 个方差和 600 个协方差，当项目数多达 100 时，计算量就是一个天文数字了。因此，必须想办法简化计算方法，将夏普的单指数模型法引入油气勘探项目投资组合风险的计算中来。

夏普的单指数模型是针对证券投资组合进行的研究，在项目投资组合中应用较少，查阅中国知网期刊，只查到刘伟峰和谭冰[54]在这方面做了有益的尝试，但操作性欠佳。本章在刘伟峰和谭冰[54]研究的基础上做一点假设，将夏普的单指数理论应用于油气勘探项目投资组合风险的衡量，从而简化油气勘探项目投资组合方差的计算。

夏普假设：各证券对整个市场变化有共同反应是证券价格或收益率相关的真正原因，通过将股票收益率与某种证券市场指数收益率联系起来对这种共同反应进行测量。因为所有的勘探投资项目都受油气市场价格和材料价格、人工价格的影响，油价升高时所有油气勘探项目预期收益提高，油价下跌时，项目收益降低；当材料价格、人工价格提高时，项目预期收益降低，当材料价格、人工价格降低时，项目预期收益提高，因此各油气勘探项目投资收益相关的真正原因是都同时受油气市场价格和材料、人工等成本价格的影响，此时，可以将某一项目作为基准项目，基准项目的净年值设为 R_m，第 i 个项目的净年值设为 R_i，运用蒙特卡洛分析技术，计算第 i 个项目与基准项目市场因素（油价、材料、人工等成本价格）相同时各自的净年值，通过回归技术分析第 i 个项目的净年值与基准项目净年值之间的关系，回归公式如下：

$$R_i = \alpha_i + \beta_i R_m$$

则

$$\delta_i^2 = \beta_i^2 \delta_m^2$$

$$\delta_{ij} = \beta_i \beta_j \delta_m^2$$

$$\delta_{\mathrm{P}}^2 = \sum_{i=1}^{m} W_i^2 X_i^2 \delta_i^2 + \sum_{i \neq j} W_i W_j X_i X_j \delta_{ij}$$

$$\delta_{\mathrm{P}}^2 = \sum_{i=1}^{n} X_i^2 W_i^2 \beta_i^2 \delta_m^2 + 2\sum_{i=1}^{n-1} \sum_{j=i+1}^{n} W_i W_j X_i X_j \beta_i \beta_j \delta_m^2$$

$$= \delta_m^2 \left(\sum_{i=1}^{n} X_i^{\,2} W_i^{\,2} \beta_i^{\,2} + 2\sum_{i=1}^{n-1} \sum_{j=i+1}^{n} W_i W_j X_i X_j \beta_i \beta_j \right)$$

设向量

$$\boldsymbol{\gamma} = (W_1X_1\beta_1, W_2X_2\beta_2, W_3X_3\beta_3, \cdots, W_nX_n\beta_n)$$

则油气勘探项目投资组合的风险可用下式表示：

$$\delta_{\mathrm{P}}^2 = \delta_m^2 \sum_{i=1}^{n} \sum_{j=1}^{n} \gamma_i \gamma_j$$

式中，α_i 为第 i 个项目的特有收益率；β_i 为常数，第 i 个项目收益变化比基准项目收益变化的倍数；δ_i^2 为第 i 个项目净年值的方差；δ_m^2 为基准项目净年值的方差；δ_{ij} 为第 i 个项目与第 j 个项目的协方差；W_i 为第 i 个项目投资比例；X_i 为 0 或 1，第 i 个项目入选，则 $X_i = 1$，否则 $X_i = 0$；n 为备选项目数量。

（三）风险和收益的综合评价——项目综合评价值

油气勘探项目的经济评价指标不只包括净年值、净年值的方差，还包括动态投资回收期、内部收益率、吨可采储量投资及地质风险和工程风险等指标，因此油气勘探项目属于典型的多属性决策，需对项目进行综合评价。可用组合赋权法确定各指标权重，用模糊综合评价法对项目进行综合评价，最终得出各项目综合评价值（具体方法见第五章），项目综合评价值越高，则对该项目的综合评价就越高。因此，油气勘探项目组合优化的第三个目标是投资组合的综合评价值最高。

$$\max F_{\mathrm{P}} = \sum_{i=1}^{n} F_i W_i X_i$$

式中，F_{P}为投资组合的综合评价值；F_i为第 i 个项目的综合评价值；W_i为第 i 个项目投资占总投资的比例；X_i为 0 或 1，入选即为 1，不入选则为 0。

三、油气勘探项目投资组合优化约束条件分析

（一）资金约束

1.勘探投资约束

$$\sum_{i=1}^{n} X_i \mathrm{IK}_i \leqslant \mathrm{IK}$$

式中，IK 为总的勘探投资；IK_i为第 i 个项目的勘探投资。

2.开发投资约束

$$\sum_{i=1}^{n} X_i \mathrm{IF}_i \leqslant \mathrm{IF}$$

式中，IF 为总的开发投资；IF_i为第 i 个项目的开发投资。

（二）储量约束

为保证油田企业的可持续发展，油气勘探必须提供足够的油气储量，因此油气勘探项目投资组合应有一个最小储量约束，这是根据油田实际由管理部门根据油田发展规划而定。

$$\sum_{i=1}^{n} X_i R_i \geqslant R$$

式中，R_i为第 i 个项目的预计可采储量；R 为年总可采储量最低值。

（三）战略约束——必选的油气勘探项目

基于油田长远发展需要，某些勘探项目不管盈利与否，都需投资，此时 $X_i=1$。

四、油气勘探项目投资组合多目标规划模型建立

项目投资的基本规律是风险越大，收益越高，油气勘探项目投资尤其如此，通过投资组合优化可以有效降低投资风险，因此投资组合优化的最主要目标有两个——高投资组合收益、低投资组合风险。另外，由于衡量项目的指标有多个，可运用多属性评价方法对项目进行综合评价，项目综合评价值越高，则对该项目的综合评价越高，入选项目的综合评价值总分越高，说明入选的项目综合情况越好，因此还有第三个目标，即投资组合综合评价值较高。由以上分析可知，油气勘探项目投资组合优化应建立多目标规划模型。理想的多目标规划模型需先给出目标的理想值，但现实情况是油气勘探项目投资组合的理想收益、理想风险和理想综合评价值不是现成的，因此需先想办法给出理想收益、理想风险和理想综合评价值。

基于这个思路，油气勘探项目的多目标规划模型建立分四步走：第一步，建立 0-1 整数规划模型，求投资组合的最大净年值，模型的解即收益的理想值；第二步，用 0-1 整数规划模型求项目投资组合最小方差，模型的解即风险的理想值；第三步，建立 0-1 规划模型，求投资组合的最大评价值，模型的解即投资综合评价值的理想值；第四步，在前三步的基础上，已知风险、收益、综合评价的理想值，建立多目标规划模型。

（一）投资组合净年值最大的 0-1 规划模型

$$\max P_{\mathrm{P}}=\sum_{i=1}^{n}\mathrm{NAV}_i X_i$$

约束条件为

$$\begin{cases}\sum_{i=1}^{n}\mathrm{IK}_i X_i\leqslant \mathrm{IK}\\ \sum_{i=1}^{n}\mathrm{IF}_i X_i\leqslant \mathrm{IF}\\ \sum_{i=1}^{n}R_i X_i\geqslant R\end{cases}$$

式中，$X_i=0$（项目不入选），或 $X_i=1$（项目入选）；IK_i、IF_i、R_i 大于等于零；P_{P} 为项目组合的净年值之和；NAV_i 为第 i 个项目净年值；IF 为开发资金供给量；IK 为勘探资金总额；R_i 为第 i 个项目预期储量；R 为投资组合需完成的最低储量。

（二）投资组合方差最小的 0-1 规划模型

设向量

$$\gamma = (W_1X_1\beta_1, W_2X_2\beta_2, W_3X_3\beta_3, \cdots, W_nX_n\beta_n)$$

则油气勘探项目投资组合的风险可用下式表示：

$$\delta_{\mathrm{P}}^2 = \delta_m^2 \sum_{i=1}^{n}\sum_{j=1}^{n}\gamma_i\gamma_j$$

约束条件：

$$\begin{cases}\sum_{i=1}^{n}\mathrm{IK}_iX_i \leqslant \mathrm{IK}\\ \sum_{i=1}^{n}\mathrm{IF}_iX_i \leqslant \mathrm{IF}\\ \sum_{i=1}^{n}R_iX_i \leqslant R\end{cases}$$

式中，$X_i=0$ 或 1（项目入选为 1，项目不入选为 0）；IK_i、IF_i、R_i 大于等于零；W_i 为第 i 个项目投资比例；β_i 为第 i 个项目收益变化为基准项目收益变化的倍数；δ_{P}^2 为投资组合净年值的方差；δ_m^2 为基准投资项目净年值的方差；δ_i 为第 i 个项目的标准方差。

（三）投资组合综合评价值最大的 0-1 规划模型

$$\max F_{\mathrm{P}} = \sum_{i=1}^{n}F_iW_iX_i$$

约束条件为

$$\begin{cases}\sum_{i=1}^{n}\mathrm{IK}_iX_i \leqslant \mathrm{IK}\\ \sum_{i=1}^{n}\mathrm{IF}_iX_i \leqslant \mathrm{IF}\\ \sum_{i=1}^{n}R_iX_i \leqslant R\end{cases}$$

式中，F_{P} 为项目组合的综合评价值之和；F_i 为第 i 个项目综合评价值。

（四）投资组合优化多目标规划模型的建立

第一个模型可以解出收益的理想值，第二个模型可以解出风险的理想值，第三个模型可以解出综合评价值的理想值，为了使投资组合达到收益与风险的均衡，需要在求出最大净年值、最小投资组合方差、最大综合评价值的基础上，编制多目标规划，满足收益与风险的均衡要求。

$$\min\left\{P_1(6d_1^- + 4d_2^+),\ P_2d_3^-\right\}$$

$$\begin{cases}\sum_{i=1}^{n} R_iX_i \geqslant R \\ \sum_{i=1}^{n} \mathrm{IK}_iX_i \leqslant \mathrm{IK} \\ \sum_{i=1}^{n} \mathrm{IF}_iX_i \leqslant \mathrm{IF} \\ \sum_{i=1}^{n} X_i\mathrm{NAV}_i + d_1^- - d_1^+ = P_{\mathrm{P}}^* \\ {\delta_m}^2\beta\beta^{\mathrm{T}} + d_2^- - d_2^+ = \delta_{\mathrm{P}}^{2*} \\ \sum_{i=1}^{n} F_iX_iW_i + d_3^- - d_3^+ = F_{\mathrm{P}}^* \\ X_1,\ X_2,\ X_3,\cdots,\ X_i = 0\text{或}1 \\ d_k^-,\ d_k^+ \geqslant 0\end{cases}$$

式中，P_1为项目组合净年值和项目组合方差要求的优先因子；P_2为项目组合投资综合评价值的优先因子，同时$P_1 \gg P_2$；P_{P}^*、${\delta_{\mathrm{P}}}^{2*}$、$F_{\mathrm{P}}^*$分别为投资组合净年值的理想值、方差的理想值及综合评价值的理想值，其他参数同上。

五、油气勘探项目投资组合模型解法

（一）0-1 线性规划

线性规划是由目标函数为决策变量的线性函数和约束条件为线性不等式或等式组成的数学规划，0-1 变量作为逻辑变量，常被用来表示系统是否处于特定状态，或者决策时是否取某个特定方案。例如，

$$X_i = \begin{cases}1,\ \text{当决策取方案}\,i\,\text{时} \\ 0,\ \text{当决策不取方案}\,i\,\text{时}\end{cases}$$

当问题含有多项要素，而每项要素皆有两种选择时，可用一组 0-1 变量来描述。一般地，设问题有有限项要素$E_1,E_2,\cdots,E_n$，其中每项E_j有两种选择，则可令

$$X = \begin{cases}1,\ \text{若}E_j\text{选择}A_j \\ 0,\ \text{若}E_j\text{不选择}A_j\end{cases}$$

那么，向量（$X_1, X_2,\cdots, X_n$）^{T}就描述了问题的特定状态或方案。

0-1 整数规划要求决策变量为整数（0 或 1），目前对整数规划问题的解法还不是很完善，不过对于其中的线性整数规划问题还是有比较好的解法，如分支定界法、割平面法等，在此仅讨论分支定界法。

线性整数规划问题可描述为

$$\max z = \boldsymbol{C}^{\mathrm{T}}\boldsymbol{X}$$

约束条件：

$$\boldsymbol{AX} \leqslant \boldsymbol{B}，\boldsymbol{X} \geqslant 0，且为整数$$

式中，$\boldsymbol{A}$、$\boldsymbol{B}$、$\boldsymbol{C}$ 为矩阵。

分支定界法的主要思想是将连续问题的解空间分解成两个相互排斥的子空间，目的在于消去不存在所求的整数解的部分。分支定界法实质上是基于遍历搜索，在遍历的过程中尽可能缩小搜索空间，搜索的全过程是一棵搜索树，下面给出算法描述。

（1）给出目标函数值 Z。

（2）线性规划在分域上是否有意义？若无意义，则转（4）。

（3）若最优解 $z>Z$，则转（5）。

（4）各分域是否搜索完全？若搜索完全，则结束，z 就是最优解，否则，转（6）。

（5）解是否为整数？若是，则 $Z=z$；否则，选择一个非整数解变量，产生分域，转（4）。

（6）确定一个待搜索的分域，并在该分域求解线性规划，转（2）。

（二）求解优化问题的遗传算法

遗传算法（genetic algorithms，GA）是一类借鉴生物进化思想的随机优化搜索算法，由美国密歇根大学的 J. Holland 教授提出。其主要特点是群体搜索策略和群体中个体信息的交换，搜索不依赖于梯度信息。该算法尤其适用于处理传统方法难以解决的复杂和非线性问题，它可以处理上千个项目，远远超过传统方法。运用该算法可以得到多个良好的解，为选择最佳投资组合提供方案。因此，可以选择遗传算法来求解以上非线性规划模型。

遗传算法是一种搜索引擎，而不是一种解决方法，这是遗传算法的一个重要性质。典型的解决方法需要某种线性限制条件，而遗传算法并不受此限制。实际上遗传算法的核心就是强大的适应性，无论多么复杂的限制条件，或大或小的问题都可以通过一个设计良好的算法来解决。

组合优化是遗传算法最基本的也是最重要的研究和应用领域之一。组合优化是指在离散的有限的数学结构上，寻找一个满足给定约束条件并使其目标函数值达到最大或最小的解。一般来说，组合优化问题通常带有大量的局部极值点，往往是不可微的、不连续的、多维的、有约束条件的、高度非线性的 NP（non-polynomial）完全（难）问题，因此，精确地求解组合优化问题的全局最优解一般是不可能的。遗传算法作为一种新型的、模拟生物进化过程的随机化搜索、优化方法，近几十年来在组合优化领域得到了相当广泛的研究和应用，并已在解决诸多典型组合优化问题中显示出了良好的性能和效果。采用遗传算法的优化组合方法来求解以上非线性规划模型的过程如下。

确定群体规模 n（整数），使用随机方法或其他方法产生 n 个可能解 X_i（k）（$1\leqslant k\leqslant n$）组成初始解群。

对于每一个个体 X_i（k）（变量 k 称为“代”数，初始时 $k=1$），计算其适应度 f（X_i（k））。

对于每一个个体 X_i（k），计算其生存概率 P_i（k）：

$$P_i(k)=f(x_i)/\sum_{i=1}^{n}f(x_i)$$

然后，设计一个随机选择器，依据 P_i（k）以一定的随机方法产生配种个体 X_i（k）。

产生下一代解群。选取两个配种个体 X_1（k）、X_2（k），并依据一定的组合规则（如交叉、变异、逆转等）将 X_1（k）、X_2（k）组合成两个新一代个体 X_1（k+1）、X_2（k+1），直至新一代的 n 个个体形成完毕。

重复（2）～（4），直至满足程序终结条件（如时间上的限制或解的质量达到满意的范围等）。

上述算法在合适的条件下，其目标函数值会迭代增加，并收敛到某一极值。该算法涉及的主要问题有编码方案、适度性函数设计、约束条件处理、选择机制、遗传操作、遗传算法参数确定等。在组合优化的实际应用中，合理地处理以上问题，构造合适的遗传算法框架是遗传优化的关键所在[54]。

第三节 油气勘探项目投资组合优化实例研究

假设油田只有圈闭预探项目和油气藏评价项目，这些圈闭预探项目勘探程度较高，视同油气藏评价项目处理。以第五章的 25 个项目为例进行油气勘探项目投资组合优化研究，运用的是多目标规划模型。

一、投资组合净年值最大的 0-1 规划模型

$$\boldsymbol{X}=[X_1，X_2，X_3，X_4，\cdots，X_{25}]^{\mathrm{T}}$$

$$\boldsymbol{B}=\begin{bmatrix} 5092.90 & 2551.72 & 40763.48 & 3222.92 & 6836.18 \\ 27302.94 & 21129.87 & 11857.20 & 20319.00 & 16\,149.19 \\ 3068.98 & 15759.25 & 2286.58 & 13249.72 & 2074.01 \\ 5853.12 & 7364.91 & 49536.30 & 17200.20 & 1343.05 \\ 2081.09 & 8793.50 & 17311.88 & 8727.86 & 31623.51 \end{bmatrix}$$

$$\boldsymbol{C}=\begin{bmatrix} 1603.70 & 784.10 & 5441.00 & 1330.60 & 5393.50 \\ 3920.40 & 2376.00 & 3801.60 & 5488.60 & 9504.00 \\ 3017.50 & 1520.60 & 475.20 & 40867.20 & 712.80 \\ 950.40 & 1425.60 & 12177.00 & 8030.90 & 665.30 \\ 3564.00 & 4455.00 & 3801.60 & 4455.00 & 18948.60 \end{bmatrix}$$

$$\boldsymbol{D}=\begin{bmatrix} 28317.00 & 14195.60 & 221821.30 & 18175.70 & 40516.00 \\ 148145.80 & 114251.50 & 65986.90 & 112316.10 & 93305.70 \\ 18616.10 & 85232.50 & 12541.40 & 124168.90 & 11591.80 \\ 31858.10 & 40279.60 & 273282.90 & 97849.90 & 7682.40 \\ 13804.50 & 50276.20 & 95129.20 & 49916.20 & 183711.30 \end{bmatrix}$$

$$\boldsymbol{E}=\begin{bmatrix} 69.20 & 34.70 & 541.30 & 44.40 & 99.00 \\ 362.10 & 279.30 & 161.30 & 274.40 & 228.20 \\ 45.50 & 208.10 & 30.60 & 303.30 & 28.30 \\ 77.90 & 98.50 & 667.40 & 239.00 & 18.80 \\ 33.70 & 122.90 & 232.50 & 122.00 & 447.90 \end{bmatrix}$$

式中，向量 $\boldsymbol{B}$ 为各项目净年值；向量 $\boldsymbol{C}$ 为各项目勘探投资；向量 $\boldsymbol{D}$ 为各项目开发投资；向量 $\boldsymbol{E}$ 为各项目预计可采储量。

目标函数为

$$\max P_{\mathrm{P}}=\boldsymbol{BX}$$

约束条件为

$$\begin{cases} \boldsymbol{CX} \leqslant 80000 \\ \boldsymbol{DX} \leqslant 950000 \\ \boldsymbol{EX} \geqslant 2000 \\ X_i = 0 \text{（项目不入选）} \\ X_i = 1 \text{（项目入选）} \end{cases}$$

对上述线性规划求解，得投资组合净年值最大时的解，见表 6-1。

收益的理想值为

$$P_{\mathrm{P}}^{*} = 173890\text{（万元）}$$

由表 6-1 可知，入选投资组合的油气勘探项目包括：项目 2、项目 3、项目 6、项目 7、项目 12、项目 13、项目 16、项目 17、项目 18、项目 20。

表 6-1　投资组合理想收益解

X_1	X_2	X_3	X_4	X_5
0	1	1	0	0
X_6	X_7	X_8	X_9	X_{10}
1	1	0	0	0
X_{11}	X_{12}	X_{13}	X_{14}	X_{15}
0	1	1	0	0
X_{16}	X_{17}	X_{18}	X_{19}	X_{20}
1	1	1	0	1
X_{21}	X_{22}	X_{23}	X_{24}	X_{25}
0	0	0	0	0

二、投资组合方差最小的 0-1 规划模型

设向量

$$\boldsymbol{\gamma} = (W_1X_1\beta_1, W_2X_2\beta_2, W_3X_3\beta_3, \cdots, W_nX_n\beta_n)$$

目标函数为

$$\min \delta_{\mathrm{P}}^2 = \delta_m^2 \sum_{i=1}^{n} \sum_{j=1}^{n} \gamma_i \gamma_j$$

$$\delta_m^2 = 1763573$$

约束条件：

$$\begin{cases} \boldsymbol{CX} \leqslant 80000 \\ \boldsymbol{DX} \leqslant 950000 \\ \boldsymbol{EX} \geqslant 2000 \\ X_i = 0 \text{（项目不入选）} \\ X_i = 1 \text{（项目入选）} \end{cases}$$

首先求各项目 $\boldsymbol{\gamma}$ 值，见表 6-2。

表 6-2　各项目的向量 γ 值

项目	投资比例（W_i）	β_i 值	$W_i\beta_i$	γ 向量
项目 1	0.0206	1.0344	0.0213	$0.0213X_1$
项目 2	0.0103	1.0318	0.0107	$0.0107X_2$
项目 3	0.1567	1.078	0.169	$0.169X_3$
项目 4	0.0134	1.0029	0.0135	$0.0135X_4$
项目 5	0.0317	0.8707	0.0276	$0.0276X_5$
项目 6	0.1049	1.0745	0.1127	$0.1127X_6$
项目 7	0.0804	1.0779	0.0867	$0.0867X_7$
项目 8	0.0481	1.0163	0.0489	$0.0489X_8$
项目 9	0.08124	1.0413	0.0846	$0.0846X_9$
项目 10	0.0709	0.9713	0.0689	$0.0689X_{10}$
项目 11	0.0149	0.7587	0.0113	$0.0113X_{11}$
项目 12	0.0598	1.0839	0.0648	$0.0648X_{12}$
项目 13	0.0090	0.9072	0.0081	$0.0081X_{13}$
项目 14	0.1139	0.7562	0.0861	$0.0861X_{14}$
项目 15	0.0085	1.0454	0.0089	$0.0089X_{15}$
项目 16	0.0226	1.0903	0.0247	$0.0247X_{16}$
项目 17	0.0288	1.0531	0.0303	$0.0303X_{17}$
项目 18	0.1969	1.0497	0.2067	$0.2067X_{18}$
项目 19	0.0730	1.0001	0.073	$0.073X_{19}$
项目 20	0.0058	0.9557	0.0055	$0.0055X_{20}$
项目 21	0.0120	0.6851	0.0082	$0.0082\mathrm{X}_{21}$
项目 22	0.0378	1.06	0.04	$0.04\mathrm{X}_{22}$
项目 23	0.0683	1.02	0.0696	$0.0696\mathrm{X}_{23}$
项目 24	0.0375	0.8823	0.0331	$0.0331\mathrm{X}_{24}$
项目 25	0.1400	1	0.1398	$0.1398\mathrm{X}_{25}$

对线性规划求解，投资组合方差最小时的解见表 6-3。

表 6-3 项目 X 入选情况的投资组合理想方差解

X_1	X_2	X_3	X_4	X_5
0	0	1	0	0
X_6	X_7	X_8	X_9	X_{10}
0	1	1	1	0
X_{11}	X_{12}	X_{13}	X_{14}	X_{15}
1	0	1	1	0
X_{16}	X_{17}	X_{18}	X_{19}	X_{20}
0	1	0	0	0
X_{21}	X_{22}	X_{23}	X_{24}	X_{25}
1	0	1	0	0

项目投资组合方差的理想值为 640882.4。由表 6-3 可知，入选油气勘探项目包括：项目 3、项目 7、项目 8、项目 9、项目 11、项目 13、项目 14、项目 17、项目 21、项目 23。

三、投资组合综合评价值最大的 0-1 规划模型

$$\boldsymbol{F}=\begin{bmatrix} 74.34 & 67.03 & 81.88 & 65.32 & 68.96 \\ 59.67 & 78.86 & 82.66 & 76.39 & 79.43 \\ 42.96 & 60.58 & 81.44 & 69.95 & 54.73 \\ 46.41 & 76.19 & 74.43 & 83.09 & 75.35 \\ 27.97 & 57.31 & 73.10 & 78.91 & 71.20 \end{bmatrix}$$

$$\boldsymbol{W}=\begin{bmatrix} 0.0206 & 0.0103 & 0.1567 & 0.0135 & 0.0317 \\ 0.1049 & 0.0804 & 0.0481 & 0.0812 & 0.0709 \\ 0.0149 & 0.0598 & 0.0090 & 0.1138 & 0.0085 \\ 0.02263 & 0.0288 & 0.1969 & 0.0730 & 0.005757 \\ 0.011978 & 0.037746 & 0.068228 & 0.037497 & 0.139765 \end{bmatrix}$$

式中，矩阵 $\boldsymbol{F}$ 为各项目模糊综合评价结果；向量 $\boldsymbol{W}$ 为各项目的投资比例。

综合评价值优化的 0-1 规划模型为

$$\max F_P = \sum_{i=1}^{n} F_i W_i X_i$$

约束条件为

$$\begin{cases} \boldsymbol{CX} \leqslant 80000 \\ \boldsymbol{DX} \leqslant 950000 \\ \boldsymbol{EX} \geqslant 2000 \end{cases}$$

式中，$X_i = 0$ 或 1，项目入选时为 1，否则为 0。

目标函数的解见表 6-4。

表 6-4　项目 *X* 入选情况的理想综合评价值的解

X_1	X_2	X_3	X_4	X_5
0	0	1	1	0
X_6	X_7	X_8	X_9	X_{10}
1	1	0	0	0
X_{11}	X_{12}	X_{13}	X_{14}	X_{15}
1	1	1	0	1
X_{16}	X_{17}	X_{18}	X_{19}	X_{20}
0	1	0	0	0
X_{21}	X_{22}	X_{23}	X_{24}	X_{25}
0	0	1	0	1

投资组合综合评价值的理想值为 36.4。由表 6-4 可知，入选的项目包括：项目 3、项目 4、项目 6、项目 7、项目 11、项目 12、项目 13、项目 15、项目 17、项目 23、项目 25。

四、油气勘探项目投资组合多目标规划模型

第一个模型可以解出收益的理想值，第二个模型可以解出风险的理想值，第三个模型可以解出综合评价值的理想值，为了使投资组合达到收益与风险的均衡，需要在求出投资组合最大净年值、投资组合最小方差、最大综合评价值的基础上，编制多目标规划，满足收益与风险均衡要求。

油气勘探项目投资组合多目标规划模型如下：

$$\min\left\{P_1(6d_1^- + 4d_2^+),\ P_2 d_3^-\right\}$$

$$\begin{cases} \boldsymbol{CX} \leqslant 80000 \\ \boldsymbol{DX} \leqslant 950000 \\ \boldsymbol{EX} \geqslant 2000 \\ \boldsymbol{BX} + d_1^+ - d_1^- = 173890 \\ \delta_m^2 \sum_{i=1}^{n}\sum_{j=1}^{n} \gamma_i \gamma_j + d_2^+ - d_2^- = 640882.4 \\ \sum_{i=1}^{n} F_i X_i W_i + d_3^+ - d_3^- = 36.4 \end{cases}$$

式中，$X_i = 0$ 或 1，项目入选时为 1，否则为 0。

求解结果见表 6-5。

表 6-5　油气勘探项目 X 入选情况的投资组合优化解

X_1	X_2	X_3	X_4	X_5
0	0	1	0	1
X_6	X_7	X_8	X_9	X_{10}
1	0	0	0	1
X_{11}	X_{12}	X_{13}	X_{14}	X_{15}
1	1	1	0	0
X_{16}	X_{17}	X_{18}	X_{19}	X_{20}
0	1	0	0	0
X_{21}	X_{22}	X_{23}	X_{24}	X_{25}
1	0	1	1	0

项目投资组合净年值之和为 147650 万元，项目投资组合净年值的方差为 642469.6，项目投资组合综合评价值为 30.95。由表 6-5 可知，入选的项目包括：项目 3、项目 5、项目 6、项目 10、项目 11、项目 12、项目 13、项目 17、项目 21、项目 23、项目 24。

第七章 油气勘探项目投资组合多属性决策研究

当油田既有区域勘探项目、圈闭预探项目，也有油气藏评价项目时，油气勘探项目投资组合不仅需要考虑项目的风险和收益，还需考虑油气储量合理序列，考虑不同储量规模需求量，此时，再用第六章的多目标规划方法进行组合优化就不具有可操作性。因为处于不同勘探阶段的项目的评价指标不同，而且各评价指标之间不能简单汇总。此时，应首先找出满足油田各种约束条件的油气勘探项目投资组合方案，然后对组合方案进行综合评价。

第一节 油气勘探项目投资组合多属性决策方法研究

一、油气勘探项目投资组合构建思路

第一步，对不同阶段的油气勘探项目设计不同的评价指标体系，对油气勘探项目进行经济评价，将不经济的方案剔除，余下的项目为备选项目，这些内容已在前面章节介绍。

第二步，确定约束条件，包括储量约束、资金约束及战略约束。其中，储量约束是根据油田发展战略，确定各级储量合理规模及合理储量序列，建立储量和储量序列约束。

第三步，组建所有能满足资金约束、合理储量及储量序列约束及企业战略约束条件的油气勘探项目投资组合方案。

第四步，计算各油气勘探项目投资组合方案评价指标。

第五步，对油气勘探项目投资组合方案进行综合评价，根据各方案综合评价值进行排序。

二、基于勘探阶段的约束条件分析

（一）资金约束

油田企业每年都有一定量的勘探投资总额，根据企业的战略发展规划，将这些投资分配给各个勘探阶段的项目，以保证各阶段的储量有序接替，实现可持续发展。因此，入选勘探项目的投资额之和必须在各勘探阶段投资总额之内。因此，构建如下约束条件。

区域勘探项目投资+预探项目投资+油气藏评价项目投资≤勘探总投资

$$\sum_{i=1}^{n} X_i I_i + \sum_{j=1}^{m} X_j I_j + \sum_{k=1}^{l} X_k I_k \leqslant I_{总}$$

式中，n 为备选区域勘探项目总数；m 为备选预探项目数；k 为备选油气藏评价项目数；X_i、X_j、X_k 为 0 或 1，项目入选为 1，项目不入选为 0；I_i 为第 i 个区域勘探项目预计投资；I_j 为第 j 个预探项目预计投资；I_k 为第 k 个油气藏评价项目预计投资。

（二） 储量约束

为保证油田企业的可持续发展，为满足油田合理储量序列要求，油气勘探各个阶段必须提供足够的油气储量，因此，油气勘探项目投资组合应分阶段满足储量约束，相关数据可以根据油田发展规划确定。

区域勘探阶段提交的是资源量，圈闭预探阶段提交的是预测储量，油气藏评价勘探阶段提交的是探明储量。因此，可以分别确定如下约束条件：

$$\sum_{i=1}^{n} X_i R_i \geqslant R_1$$

$$\sum_{j=1}^{m} X_j R_j \geqslant R_2$$

$$\sum_{k=1}^{l} X_k R_k \geqslant R_3$$

式中，R 为储量额；R_1 为资源量；R_2 为预测储量；R_3 为探明储量；n、m、l 为项目数。

（三）必选的油气勘探项目

考虑到油田企业长远发展及政策的需要，某些勘探项目必须入选投资组合，这时有 X_i=1。

三、油气勘探项目投资组合方案构建

油气勘探项目投资组合构建思路：首先，寻找满足所有约束条件的油气勘探项目投资组合；然后，利用下文介绍的方法，计算油气勘探投资组合评价指标，采用多属性决策方法进行综合评价；最后，选出综合评价值最高的投资组合作为最终的投资组合方案。

$$\begin{cases}\sum_{i=1}^{n} X_i I_i + \sum_{j=1}^{m} X_j I_j + \sum_{k=1}^{l} X_k I_k \leqslant I_{总} \\ \sum_{i=1}^{n} X_i R_i \geqslant R_1 \\ \sum_{j=1}^{m} X_j R_j \geqslant R_2 \\ \sum_{k=1}^{l} X_k R_k \geqslant R_3 \end{cases}$$

式中，$n+m+l=N$ 表示各个勘探阶段的项目数之和为总的项目数，X_i、X_j、X_k 为 0 或 1，入选为 1，不入选为 0。

四、油气勘探项目投资组合方案评价指标测算

得到所有满足约束条件的投资组合后，需要将每一个投资组合看作一个整体，计算该投资组合的指标。由于不同勘探阶段的项目任务和目标不同，汇总计算油气勘探投资组合评价指标时，应分不同勘探阶段项目汇总计算，例如，资源丰度是衡量区域勘探项目的指标，计算投资组合的资源丰度时，只汇总入选的区域勘探项目的资源丰度；净年值是油气藏评价项目评价指标，计算投资组合的净年值时，只汇总计算入选的油气藏评价项目的净年值。

1.资源丰度

资源丰度指标采用以下计算方法。假设该投资组合区域勘探项目有 n 个，其中每个项目的资源量用 R_i 表示，面积用 S_i 表示，则计算该投资组合这一阶段资源丰度（ρ）采用如下公式：

$$\rho = \frac{\sum_{i=1}^{n} R_i}{\sum_{i=1}^{n} S_i}$$

2.单位资源量投资

假设该投资组合区域勘探项目有 n 个，其中每个项目的资源量用 R_i 表示，投

资额用 I_i 表示，则计算该投资组合这一阶段单位资源量投资（I）采用如下公式：

$$I=\frac{\sum_{i=1}^{n}I_i}{\sum_{i=1}^{n}R_i}$$

3.含油气概率

假设该投资组合区域勘探项目有 n 个，其中每个项目的含油气概率用 P_i 表示，则组合方案的含油气概率 P 为

$$P=\prod_{i=1}^{n}P_i$$

4.油气资源量

假设该投资组合区域勘探项目有 n 个，其中每个项目的油气资源量用 Q_i 表示，则组合方案的油气资源量 Q 为

$$Q=\sum_{i=1}^{n}Q_i$$

5.净年值和净年值率

假设该投资组合油气藏评价项目有 n 个，其中第 i 个项目的净年值用 NAV_i 表示，第 i 个项目的净年值率用 NAVR_i 表示，投资组合的净年值用 NAV_P 表示，投资组合的净年值率用 NAVR_P 表示，则投资组合的净年值指标和净年值率指标的计算公式如下：

$$\mathrm{NAV}_\mathrm{P}=\sum_{i=1}^{n}\mathrm{NAV}_i$$

$$\mathrm{NAVR}_\mathrm{P}=\frac{\sum_{i=1}^{n}\mathrm{NAV}_i}{\sum_{i=1}^{n}I_i}$$

6.内部收益率

假设该投资组合油气藏评价项目有 n 个，其中每个项目的内部收益率用 IRR_i 表示，CI_{ij} 表示第 i 个项目第 j 年的现金流入，CO_{ij} 表示第 i 个项目第 j 年的现金流出，组合的内部收益率用 IRR 表示，则组合内部收益率是使组合现金流入现值等于现金流出现值的折现率，计算公式如下：

$$\sum_{j=1}^{m}\sum_{i=1}^{n}\mathrm{CI}_{ij}(1+\mathrm{IRR}_\mathrm{P})^i=\sum_{j=1}^{m}\sum_{i=1}^{n}\mathrm{CO}_{ij}(1+\mathrm{IRR})^i$$

7.平均投资利税率

假设该投资组合油气藏评价项目有 n 个，其中每个项目的平均投资利税率指标用 RRT_i 表示，投资额用 I_i 表示，利税额用 RT_i 表示，则组合的平均投资利税率计算公式如下：

$$\mathrm{RRT}=\frac{\sum_{i=1}^{n}\mathrm{RT}_i}{\sum_{i=1}^{n}I_i}$$

8.吨可采储量投资

假设该投资组合油气藏评价项目有 n 个，其中每个项目的吨可采储量投资指标用 IOR_i 表示，投资额用 I_i 表示，可采储量用 Q_i 表示，则组合的吨可采储量投资计算公式如下：

$$\mathrm{IOR}=\frac{\sum_{i=1}^{n}I_i}{\sum_{i=1}^{n}Q_i}$$

9.米进尺获储量

假设该投资组合油气藏评价项目有 n 个，其中每个项目的米进尺获储量用 MOR_i 表示，钻井进尺用 M_i 表示，储量用 Q_i 表示，则组合的米进尺获储量计算公式如下：

$$\mathrm{MOR}=\frac{\sum_{i=1}^{n}M_i}{\sum_{i=1}^{n}Q_i}$$

10.单位储量占地面积

假设该投资组合油气藏评价项目有 n 个，其中每个项目的单位储量占地面积用 AOR_i 表示，钻井进尺用 A_i 表示，储量用 Q_i 表示，则组合的米进尺获储量计算公式如下：

$$\mathrm{AOR}=\frac{\sum_{i=1}^{n}A_i}{\sum_{i=1}^{n}Q_i}$$

11.单位面积钻井进尺

假设该投资组合油气藏评价项目有 n 个，其中每个项目的单位面积钻井进尺

用 MOA_i 表示，钻井进尺用 M_i 表示，勘探面积用 A_i 表示，则组合的单位面积钻井进尺计算公式如下：

$$\mathrm{MOA}=\frac{\sum_{i=1}^{n}M_i}{\sum_{i=1}^{n}A_i}$$

12.集输管线长度

假设该投资组合油气藏评价项目有 n 个，其中每个项目的集输管线长度用 L_i 表示，则组合的集输管线长度计算公式如下：

$$L=\sum_{i=1}^{n}L_i$$

13.项目净现值

假设该投资组合油气藏评价项目有 n 个，其中每个项目的项目净现值用 NPV_i 表示，则组合的项目净现值计算公式如下：

$$\mathrm{NPV}=\sum_{i=1}^{n}\mathrm{NPV}_i$$

14.项目利税总额

假设该投资组合油气藏评价项目有 n 个，其中每个项目的项目利税总额用 PT_i 表示，则组合的项目利税总额计算公式如下：

$$\mathrm{PT}=\sum_{i=1}^{n}\mathrm{PT}_i$$

15.净年值标准离差率

$$\delta_{\mathrm{NAV}}^2=\sum_{i=1}^{m}\sum_{j=1}^{m}W_iW_jX_iX_j\delta_{\mathrm{NAV}_{ij}}=\sum_{i=1}^{m}W_i^2X_i^2\delta_{\mathrm{NAV}_i}^2+\sum_{i\neq j}W_iW_jX_iX_j\delta_{\mathrm{NAV}_{ij}}$$

$$\delta_{\mathrm{NAV}}=\sqrt{\sum_{i=1}^{m}W_i^2X_i^2\delta_{\mathrm{NAV}_i}^2+\sum_{i\neq j}W_iW_jX_iX_j\delta_{\mathrm{NAV}_{ij}}}$$

$$\chi_{\mathrm{NAV}}=\frac{\delta_{\mathrm{NPV}}}{\mathrm{NAV_P}}$$

式中，X_i 为 0 或 1，入选即为 1，不入选则为 0；W_i 为项目 i 的投资在总投资中的比例；δ_{NAV_i} 为项目 i 净年值的标准差；$\delta_{\mathrm{NAV}_i}^2$ 为项目 i 净年值的方差；δ_{NAV}^2 为项目组合净年值的方差；δ_{NAV} 为项目组合净年值标准差；$\mathrm{NAV_P}$ 为项目组合净年值；χ_{NAV} 为项目组合净年值标准离差率。

16.内部收益率标准离差率

$$\delta_{\mathrm{IRR}}^2=\sum_{i=1}^{m}\sum_{j=1}^{m}W_iW_jX_iX_j\delta_{\mathrm{IRR}_{ij}}=\sum_{i=1}^{m}W_i^2X_i^2\delta_{\mathrm{IRR}_i}^2+\sum_{i\neq j}W_iW_jX_iX_j\delta_{\mathrm{IRR}_{ij}}$$

$$\delta_{\mathrm{IRR}}=\sqrt{\sum_{i=1}^{m}W_i^2X_i^2\delta_{\mathrm{IRR}_i}^2+\sum_{i\neq j}W_iW_jX_iX_j\delta_{\mathrm{IRR}_{ij}}}$$

$$\chi_{\mathrm{IRR}}=\frac{\delta_{\mathrm{IRR}}}{\mathrm{IRR_P}}$$

式中，X_i为 0 或 1，入选即为 1，不入选则为 0；W_i为项目 i 的投资在总投资中的比例；δ_{IRR_i}为项目 i 内部收益率的标准差；$\delta_{\mathrm{IRR}_i}^2$ 为项目 i 内部收益率的方差；δ_{IRR}^2 为项目组合内部收益率的方差；δ_{IRR} 为项目组合内部收益率标准差；$\mathrm{IRR_P}$为项目组合内部收益率；χ_{IRR} 为项目组合内部收益率准离差率。

17.地质风险

假设该投资组合油气藏评价项目有 n 个，其中每个项目地质风险用 DR_i 表示，则组合的地质风险计算公式如下：

$$\mathrm{DR}=1-\prod_{i=1}^{n}(1-\mathrm{DR}_i)$$

18.工程风险

假设该投资组合油气藏评价项目有 n 个，其中第 i 个项目的工程风险用 GR_i 表示，则组合的地质风险计算公式如下：

$$\mathrm{GR}=1-\prod_{i=1}^{n}(1-\mathrm{GR}_i)$$

五、油气勘探项目投资组合方案综合评价

将每个油气勘探项目投资组合视作一个投资方案，计算每个油气勘探项目投资组合评价指标值，然后用组合赋权法确定各指标权重，用模糊综合评价法对各油气勘探项目投资组合进行综合评价，根据最终综合评价得分对各组合进行排序，在此基础上，对油气勘探项目投资组合进行选择。

（一）用组合赋权法确定指标权重

用层次分析法确定各指标主观权重，主观权重考虑了油田战略需求、油田发展阶段特点，如处于发展中的油田，比较重视资源储量增加，可能将区域勘探项目的指标权重加大；或者油田储量序列中远景资源量较少，也会加大区域勘探项目的评价指标权重。

用熵值法确定各指标客观权重，这种方法考虑指标数值间的关系，不同方案间差异性大的指标，客观权重大。

综合考虑主观权重和客观权重，确定综合权重，采用以下公式：

$$w_j = \frac{a_j b_j}{\sum_{j=1}^{n} a_j b_j}$$

式中，w_j为综合权重；a_j为主观权重；b_j为客观权重。

（二）用模糊综合评价法进行综合评价

将评价值设优、中、差三个等级，进行模糊综合评价。具体做法见第六章相关内容。最后，假设优为 90 分，中为 75 分，差为 40 分，最终对各投资组合方案计算综合得分，根据综合得分对各组合方案排序，最终实现组合方案优选。

第二节 油气勘探项目投资组合多属性决策实例研究

本节选取 4 个区域勘探项目、10 个圈闭预探项目和 15 个油气藏评价项目，具体基本数据及评价指标值见第五章的实例研究，项目 1～项目 4 是区域勘探项目，提交资源量，项目 5～项目 14 是圈闭预探项目，提交预测储量，项目 15～项目 29 是油气藏评价项目，提交探明储量。本节是在此基础上，给出油田各项约束条件，构建项目投资组合，然后将每个投资组合作为一个组合方案，对各组合方案进行综合评价，进而进行组合优选。

一、油气勘探项目投资组合方案构建

根据公司战略需要及储量接替率规律，制定约束条件如下：所有勘探阶段勘探项目可用资金总额为 1003000 万元；提交资源量最低为 10000 万吨；提交预测储量最低为 8000 万吨；提交探明储量最低为 1990 万吨。

根据以上约束条件及选取模型利用编程语言可以求得满足勘探阶段战略要求的投资组合。

投资组合选取模型：

$$\begin{cases} 2400X_1 + 4650X_2 + 1910X_3 + 4148X_4 \geqslant 10000 \\ 405X_5 + 224X_6 + 3608X_7 + \cdots + 804X_{12} + 914X_{13} + 2282X_{14} \geqslant 8000 \\ 45X_{15} + 207X_{16} + 31X_{17} + \cdots + 233X_{27} + 57X_{28} + 447X_{29} \geqslant 1990 \\ 29651.9X_1 + 77062.2X_2 + \cdots + 299195X_{27} + 25721X_{28} + 202134X_{29} \leqslant 1003000 \\ X_1, X_2, X_3, \cdots, X_{28}, X_{29} = 0\text{或}1 \end{cases}$$

求得以下几组解，为便于表述，以表格形式列述见表 7-1。

表 7-1　投资组合选取模型的解集

方案	项目1	项目2	项目3	项目4	项目5	项目6	项目7	项目8	项目9	项目10	项目11	项目12	项目13	项目14	项目15	项目16	项目17	项目18	项目19	项目20	项目21	项目22	项目23	项目24	项目25	项目26	项目27	项目28	项目29
一	0	1	1	1	0	0	1	0	0	1	1	1	0	0	0	1	0	0	1	1	1	1	1	0	0	0	1	0	1
二	0	1	1	1	1	0	1	1	0	1	1	0	0	0	0	1	0	0	0	1	0	1	1	0	0	1	1	0	1
三	0	1	1	1	1	0	1	1	0	1	1	0	0	0	0	1	0	0	1	1	1	1	1	0	0	0	1	0	1
四	0	1	1	1	1	0	1	1	0	1	1	0	0	0	0	1	1	0	0	1	1	1	1	0	0	0	1	0	1
五	0	1	1	1	1	0	1	1	0	1	1	0	0	0	1	1	1	0	1	1	1	1	0	0	1	1	1	0	1
六	0	1	1	1	1	1	1	0	0	1	1	0	0	0	0	1	0	0	0	1	0	1	1	0	0	1	1	0	1
七	0	1	1	1	1	1	1	0	0	1	1	0	0	0	0	1	0	0	1	1	1	1	1	0	0	0	1	0	1
八	0	1	1	1	1	1	1	0	0	1	1	0	0	0	0	1	1	0	0	1	1	1	0	1	1	1	1	1	1
九	0	1	1	1	1	1	1	0	0	1	1	0	0	0	0	1	1	0	0	1	1	1	1	0	0	0	1	0	1
十	0	1	1	1	1	1	1	0	0	1	1	0	0	0	1	1	1	0	1	1	1	1	0	0	1	1	1	0	1
十一	0	1	1	1	1	1	1	1	0	1	1	0	0	0	0	1	0	0	1	1	1	1	1	0	0	0	1	0	1

二、投资组合方案评价指标值测算

在计算出基本评价指标并确定出满足约束条件的备选投资组合后，需要对备选投资组合的指标进行计算。这里以方案六为例阐述计算方法。方案六的入选项目为项目 2、3、4、5、6、7、10、11、16、20、22、23、26、27、29。其中，项目 2、3、4 是区域勘探项目，项目 5、6、7、10、11 为圈闭预探项目，项目 16、20、22、23、26、27、29 是油气藏评价项目。由于处于不同勘探阶段的项目的目的不同、评价指标不同，在进行投资组合方案评价指标值测算时，区域勘探项目与油气藏评价项目评价值是分别汇总计算的。

（一）区域勘探项目组合指标值测算

方案六中包括 3 个区域勘探项目，油气勘探项目投资组合方案中的区域勘探项目评价值计算方式如下所示。

单位资源量投资为

（77062.2+15356.92+36004.12）/（4650+1910+4148）=11.9932（元/吨）

资源丰度为

（4650+1910+4148）/（650+430+740）=5.8835（吨/平方千米）

含油气概率为

21%×19%×18%=0.72%

油气资源量为

4650+1910+4148=10708（万吨）

（二）油气藏评价项目组合指标值测算

根据各个组合方案入选方案数，计算组合方案指标评价值（表 7-2）。

表7-2　油气勘探项目投资组合方案指标评价值

投资组合方案评价指标	方案一	方案二	方案三	方案四	方案五	方案六	方案七	方案八	方案九	方案十	方案十一
净年值/亿元	24.78	24.36	24.42	24.44	24.33	24.29	24.36	24.75	24.38	24.26	24.68
净年值率/%	21.59	21.52	21.59	21.60	21.46	21.53	21.60	21.48	21.61	21.47	21.58
内部收益率/%	26.90	26.46	26.52	26.53	26.46	26.39	26.45	26.91	26.46	26.38	26.80
动态投资回收期/年	4.84	4.85	4.84	4.84	4.85	4.84	4.84	4.85	4.84	4.85	4.84
平均投资利税率/%	30.32	30.27	30.32	30.33	30.23	30.28	30.33	30.24	30.34	30.24	30.32
吨可采储量投资/(元/吨)	428.40	429.16	428.42	428.33	429.56	429.05	428.31	429.46	428.22	429.45	428.46
米进尺获储量/(吨/米)	384.81	387.50	390.72	391.81	393.89	389.49	392.71	389.49	393.81	395.89	389.58
项目净现值/亿元	153.45	150.89	151.26	151.42	150.66	150.47	150.84	153.32	151.00	150.24	152.84
项目利税总额/亿元	651.59	641.65	642.30	642.88	641.09	639.75	640.40	652.34	640.98	639.19	649.06
单位面积钻井进尺/(平方千米/米)	28.56	27.58	28.51	28.40	27.45	27.62	28.56	27.63	28.44	27.50	28.61
单位储量占地面积(平方千米/吨)	0.074	0.071	0.073	0.072	0.070	0.071	0.073	0.071	0.072	0.070	0.073
集输管线长度/千米	129.3	150.3	158.3	156.3	193.3	136.3	144.3	182.3	142.3	179.3	165.3
净年值标准离差率/%	7.40	5.23	7.81	5.50	8.69	5.25	7.84	6.07	5.51	8.72	8.06
内部收益率标准离差率/%	38.00	43.17	44.14	48.71	70.00	43.87	44.84	69.69	49.41	70.70	50.26
地质风险/%	99.79	99.80	99.71	99.92	99.98	99.82	99.89	99.98	99.93	99.98	99.95
工程技术风险/%	65.08	67.07	68.16	71.33	76.45	66.71	70.70	76.95	71.02	76.19	73.34
单位资源量投资/(元/吨)	11.99	11.99	11.99	11.99	11.99	11.99	11.99	11.99	11.99	11.99	11.99
资源丰度/(万吨/平方千米)	5.88	5.88	5.88	5.88	5.88	5.88	5.88	5.88	5.88	5.88	5.88
含油气概率/%	0.72	0.72	0.72	0.72	0.72	0.72	0.72	0.72	0.72	0.72	0.72
油气资源量/万吨	10708	10708	10708	10708	10708	10708	10708	10708	10708	10708	10708

三、采用组合赋权法确定各指标权重

采用层次分析法确定各指标主观权重，采用熵值法确定各指标客观权重，然后综合考虑主观权重和客观权重，确定综合权重，具体见表 7-3。确定权重的具体方法见第四章相关内容。

表 7-3　油气勘探投资组合方案各指标权重　　（单位：%）

评价指标	客观权重	主观权重	综合权重
净年值/亿元	0.0509	0.1288	0.1011
净年值率/%	0.0062	0.1744	0.0167
内部收益率/%	0.0496	0.1288	0.0985
动态投资回收期/年	0.0012	0.0336	0.0006
平均投资利税率/%	0.0016	0.0224	0.0006
吨可采储量投资/（元/吨）	0.0014	0.0456	0.0010
米进尺获储量/（吨/米）	0.0576	0.0336	0.0298
项目净现值/亿元	0.0508	0.0272	0.0213
项目利税总额/亿元	0.0490	0.0272	0.0205
单位面积钻井进尺/（米/平方千米）	0.2819	0.028	0.1217
单位储量占地面积/（ 吨/平方千米）	0.3907	0.028	0.1686
集输管线长度/千米	14.3187	0.0288	6.3568
净年值标准离差率/%	36.7163	0.0728	41.2032
内部收益率标准离差率/%	45.0242	0.0728	50.5264
地质风险/%	0.0008	0.1456	0.0018
工程风险/%	2.9991	0.0288	1.3314
单位资源量投资/（元/吨）	0	0.06	0
资源丰度/（万吨/平方千米）	0	0.04	0
含油气概率/%	0	0.06	0
油气资源量/万吨	0	0.04	0

四、用模糊综合评价对油气勘探投资组合方案进行比较

首先设定优、中、差三个区间，分别计算各指标的优、中、差的隶属度，然后结合各指标的综合权重，采用加权平均法计算油气勘探投资组合方案的优、中、

差隶属度。假设优、中、差得分分别为 90、75 和 40，再计算综合得分，根据综合得分对油气勘探项目投资组合方案进行排序。

由表 7-4 可知，按照综合评价值将项目组合方案从低到高排序为：方案五、方案十、方案八、方案十一、方案七、方案三、方案一、方案四、方案九、方案六、方案二。最优方案为方案二。

表 7-4　投资组合方案模糊综合评价值

方案	优	中	差	综合评价值
方案一	0.57474	0.31221	0.11420	79.71
方案二	0.95150	0.03329	0.01571	88.76
方案三	0.46224	0.30991	0.22925	74.01
方案四	0.47670	0.52179	0.00151	82.09
方案五	0.01653	0.00060	0.98320	40.86
方案六	0.94001	0.04650	0.01366	88.63
方案七	0.29748	0.48865	0.21437	71.99
方案八	0.20619	0.26015	0.53366	59.41
方案九	0.55901	0.43864	0.00236	83.30
方案十	0.01645	0.02527	0.95830	41.70
方案十一	0.21410	0.50753	0.27838	68.47

参 考 文 献

[1]张一伟，金之钧. 油气勘探工程[M]. 北京：中国石化出版社，2004

[2]韦伯 M. 新教伦理与资本主义精神[M]. 阎克文译. 上海：上海人民出版社，2010

[3]Simon H A. Theories of Bounded Rationality, Decision and Organization[M]. Amsterdam: North Holland, 1972

[4]王光辉，郭元岭．油气勘探投资合理性关系探讨[J]．油气地质与采收率，2002，9(6)：72-74

[5]郑玉华，罗东坤．油气勘探开发投资优化[J]．石油勘探与开发，2009，36(4)：535-539

[6]张立伟，杨宪一. 油气勘探开发投资比例与储量接替率关系探讨[J]．资源与产业，2009，6（11）：74-78

[7]Newendorp P D. 石油勘探决策分析[M]．狄其中等译．荆州：江汉石油学院，1984

[8]国家计划委员会，建设部. 建设项目经济评价方法与参数[M]. 北京：中国计划出版社，1987

[9]中国石油天然气总公司计划局，中国石油天然气总公司规划设计总院.石油工业建设项目经济评价方法与参数[M]. 北京：石油工业出版社，1994

[10]国家发展改革委员会，建设部. 建设项目经济评价方法与参数[M]. 3 版. 北京：中国计划出版社，2006

[11]殷爱贞，张在旭，付斌. 油气储量价格评估研究[J]. 财会通讯，2010，(4):94-95

[12]何荣宣. 现代企业管理[M]. 北京：北京理工大学出版社，2016

[13]赵振智，刘广生. 成本管理会计[M]. 青岛：中国石油大学出版社，2006

[14]刘清志. 石油技术经济学[M]. 青岛：中国石油大学出版社，2015

[15]戴天晟，赵文会，顾宝炎. 基于实物期权理论的水权期权价值评估模型[J]. 系统工程，2009，2（5）：67-71

[16]Bilderbeck M G, Becki V. Using integrated project models to evaluate field development option[R]. SPE 93554, 2005

[17]凌春华，杨克．油气勘探经济评价新方法的研究——实物期权法[J]．中国软科学，2003，7:138-141

[18]Junior F M, da Silva Montezano R M, Brandão L E T.2007. Valuation of onshore mature oil fields: The new bidding rounds in Brazil, 11th Annual Real Options Conference

[19]Black F, Scholes F M. The pricing of options and corporate liabilities[J]. Journal of Political Economy, 1973, 81(3): 65-101

[20]Ross S A. A simple approach to the valuation of risky income streams[J]. Journal of Business, 1978, 57（3): 453-475

[21]高世葵，董大忠．基于实物期权的油气勘探经济评价的方法与实证[J]．新疆石油学院学报，2004，16(1)：52-55

[22]罗东坤．油气勘探投资风险探讨[J]．油气地质与采收率，2002，9(6):69-71

[23]贾承造，杨树锋，张永峰，等. 油气勘探风险分析与实物期权法经济评价[M]. 北京：石油工业出版社，2003

[24]Markowits H. Portfolil selection[J]. The Journal of Finance, 1952, 7(1): 77-91

[25]Quick A N. Exploration strategy: An integral part of strategic planning[J]. Oil and Gas Journal, 1982, (9): 286-300

[26]Quick A N, Buck N A.Strategic Planning for Exploration Management[M]. Boston：International Human Resources Development Corp., 1983

[27]Walls M R. Combining decision analysis and portfolio management to improve projects election in the exploration and production firm[J]. Journal of Petroleum Science and Engineering, 2004, 44: 55-65

[28]Orman M M, Uggan T E. Applying modern portfolio theory to upstream investment decision making [R]. SPE 54774, 1999

[29]Harris D P, Zaluski G, Marlatt J. A method for the selection of exploration areas for unconformity uranium deposits[J]. Natural Resources Research, 2009, 18(2): 109-136

[30]许宏志. 国有大型企业经营性建设项目投资组合方案优选方法探讨[J]. 地质技术经济管理，1998,（5）:49-52

[31]吴枚，韩文秀，林盛．石油公司投资组合优化模型研究[J]．数学的实践与认识，2003，33(4)：13-21

[32]郭秋麟．勘探目标投资组合的优化模型及其应用[J]．中国石油企业，2005，6：121-126

[33]郭秋麟．考虑地质风险的勘探项目投资组合优化模型[J]．石油勘探与开发，2007，34(6)：760-764

[34]王震. 基于 Markowitz 资产组合理论的油气勘探开发投资决策[J]. 石油大学学报（自然版），2008，32(1)：152-155

[35]刘金兰，郝建春，陈丽华．投资组合理论在石油公司投资项目中的应用[J]．河北建筑科技学院学报，2004，21(4)：89-92

[36]刘金兰，陈丽华，郝建春．石油行业基于模糊决策理论的投资组合优化模型方法[J]．工业工程，2005，8(4)：74-76，101

[37]米立军，张厚和，陈蓉，等．中海油勘探投资组合系统开发与应用[J]．中国石油勘探，2008，5：54-60

[38]殷爱贞. 基于风险和收益权衡的勘探项目投资组合研究[J]. 西南石油大学学报（社会科学版），2010，1：10-14

[39]王众，张哨楠，匡建超，等. 基于条件风险价值的油气勘探投资组合决策模型研究[J]. 中国矿业，2012，5：40-46

[40]徐玖平，吴巍. 多属性决策的理论与方法[M]. 北京：清华大学出版社，2006

[41]Charnes A, Cooper W W, Rhodes E. Measuring the efficiency of decision making units[J]. European Journal of Operation Research, 1978, 2（6）: 429-444

[42]Shape W F. A simplified model for portfolio analysis[J]. Management Science, 1963, 9（2）: 277-293

[43]徐腾，邓景澜. 石油公司上游投资结构与储量替代率关系实证分析[J]. 中外能源，2010，15（21）：17-22

[44]张立伟，杨宪一. 油气勘探开发投资比例与储量接替率关系探讨[J]. 资源与产业，2009，11(3): 74-79

[45]Livernois J R, Uhler R S. Extraction costs and the economics of nonrenewable resources[J]. Journal of Political Economy, 1987, 95（1）: 195-203

[46]Chermak J M, Patrick R H. A well-based cost function and the economics of exhaustible resources: the case of natural gas[J]. The Journal of Environmental and Economics Management, 1995, 28（2）: 174-189

[47]李增强，刘波. 油田清洁生产定量评价体系的研究及应用[J]. 油气田环境保护，2004，11（1）：12-14

[48]吴欣松，张一伟，方朝亮. 油气田勘探[M]. 北京：石油工业出版社，2001

[49]赵振智. 油田企业成本核算与控制研究[M]. 北京：石油工业出版社，2006

[50]张宝生，罗东坤，平洋. 中国煤层气开发社会效益的评价[J]. 统计与决策，2008，270（18）：53-56

[51] Rose P R. 油气勘探项目的风险分析与管理[M]. 窦立荣译.北京：石油工业出版社，2002

[52]丁贵明，张一伟，吕鸣岗，等. 油气勘探工程[M]. 北京：石油工业出版社，1997

[53]李华启，黄旭楠，马振炎，等. 油气勘探项目可行性研究指南[M]. 北京：石油工业出版社，2003

[54]刘伟锋，谭冰. 单指数模型在房地产投资组合中的应用[J]. 经济与社会发展，2005，3(5): 55-57